Erwin Strittmatter

Selbstermunterungen

AF199266

atb aufbau taschenbuch

Geschrieben 1966 und 1967

MIX
Papier | Fördert
gute Waldnutzung
FSC® C083411
FSC
www.fsc.org

ISBN 978-3-7466-5405-8

Aufbau Taschenbuch ist eine Marke der
Aufbau Verlage GmbH & Co. KG

5. Auflage 2025
Vollständige Taschenbuchausgabe
© Aufbau Verlage GmbH & Co. KG, Berlin 1981; 2008
www.aufbau-verlage.de
10969 Berlin, Prinzenstraße 85
Die Originalausgabe erschien 1981 bei Aufbau, einer Marke der
Aufbau Verlage GmbH & Co. KG
Der Verlag behält sich das Text- und Data-Mining nach § 44b UrhG vor,
was hiermit Dritten ohne Zustimmung des Verlages untersagt ist.
Bei Fragen zur Sicherheit unserer Produkte wenden Sie sich bitte an
produktsicherheit@aufbau-verlage.de.
Umschlaggestaltung U1berlin, Patrizia Di Stefano
unter Verwendung von Motiven von © ullstein bild – Christof Stache
und © LianeM / Alamy Stock Foto
Druck und Binden CPI books GmbH, Leck, Germany

Printed in Germany

Für Eva

Ich stehe nicht an, Dichtern genauso zu traun wie Wissenschaftlern, weil ich erfuhr, daß in jedem echten Wissenschaftler ein Poet und in jedem echten Poeten ein Wissenschaftler steckt, und die echten Wissenschaftler wissen, daß ihre Hypothesen dichterische Ahnungen sind, und die echten Dichter wissen, daß ihre Ahnungen unbewiesene Hypothesen sind, und weder die einen noch die anderen lassen sich von der Mannigfaltigkeit der Erscheinungen verwirren oder halten einander für Kontrahenten.

Der Sinn meines Lebens scheint mir darin zu bestehen, hinter den Sinn meines Lebens zu kommen.

———

Allein, allein – die Stille singt.

———

Ich will von jetzt an so hastlos arbeiten, als ob ich bereits meinen *Lebensabend* genösse und als ob ich *zusätzliche* Gedanken produzieren würde, die ich eigentlich habe mit ins Grab nehmen wollen.

———

Ich will die Menschen, die sich zu Mächtigen machen, nicht mehr fürchten; sie haben ihrerseits ihre Furcht, die man ihnen einjagt, wenn man sie nicht fürchtet.

———

Wenn mir der Morgen nicht bringt, was ich brauche, will ich es dem Nachmittage abverlangen.

———

Und ich will die Dinge so lange anschauen, bis sie zu sprechen anfangen.

———

Die Blume in meinem Fenster hat grüne Blätter, doch sie arbeitet und arbeitet, um mit Hilfe von ein paar roten Blättern Erfüllung zu erlangen.

———

Die Welt ist mir ein kaltes Haus ohne die gleichmäßige Wärme jenes Ofens, den man Liebe nennt.

———

Ich will achtgeben, daß mich die Tage nicht überfallen und daß *ich* bestimme, wie meine Abende sind.

———

Und ich will danach trachten, daß mein Tagwerk wenigstens um eine Winzigkeit anders ist als das des Vortags!

———

Meine Gewohnheiten haben zwei Gesichter.

———

Ich will auf jeden neuen Tag neugierig sein und den Morgen eines jeden Tages feiern.

———

Als wir den ersten Baum fällten, damit sein brennendes Holz uns wärme, wähnten wir, der Holzvorrat der Erde sei unerschöpflich.

Als wir die erste Rakete ins All schossen, um unser Wissen von den Sternen zu erweitern, wußten wir, daß die Materie, aus der unsere Erde besteht, nicht unerschöpflich ist ...

———

Aber dann gibts diese Katastrophen: Eine Unbedachtheit, einen Zorn, einen Wutanfall ..., und das Landstück Weisheit, das ich den Lebenswogen abgekämpft hatte, wird wieder hinweggerissen.

Wie viele Stunden und Tage wirds brauchen, bis da wieder ein Landstück entsteht, auf dem ich fußen kann!

———

Wie viele meiner täglichen Taten überlasse ich dem Zufall, den sich anbietenden Gelegenheiten!

Wie wenig Zeit verbringe ich damit, zu tun, was ich tun müßte!

———

Ich hör andere von der »goldenen Jugend« erzählen; mir aber wird die Zeit, die mir auf Erden noch bleibt, täglich goldwerter.

———

Unter welchen liebenswürdigen Vorwänden die Zeiträuber auch zu mir kommen, wie sie meiner Eitelkeit auch schmeicheln mögen, ich will ihnen widerstehen, will hart mit ihnen umgehen, sie abstoßen; vielleicht, daß ich ihnen zu sich selber verhelfe.

———

Ich sah ein Theaterstück. Es war fünfzehn Jahre alt, und es war ein Stück von mir: Eine alte, abgestoßene Haut von mir wurde ausgebreitet, eine alte Haut aus Gedanken und Worten, und sie lag da als Ding für sich selbst, und sie ging mich nichts mehr an; denn ich geh mit einer Haut von neuen Gedanken umher, und auch diese Gedanken fasse ich in Worte, und eines Tages werde ich, hoff ich, auch sie abstreifen.

———

Und vielleicht bin auch ich eine Art von Spinne wie jene dort, die sich kopfunter vom Baum seilt. Und vielleicht webe auch ich da und dort mein dünnes Netz und spanne es in den Schneisen aus, und einige meiner Mitmenschen stehen vor dem Gewebe und bewundern es, und anderen ist es nichts als eine Belästigung für ihre Wimpern und Nasenspitzen.

———

Wir verbrauchen, wie ich sehe, Kohle, Holz, Erd-Öl, Salze, Uran und all das, aber wir entnehmen ihnen nur, was uns gefällt, und was uns von ihnen nicht gefällt, lassen wir entweichen.

Wäre ich ein Erfinder, erfände ich Katalysatoren, die das, was von all diesen Stoffen davonfliegt, zurückhielten. Von einer neuerlichen Synthese und Verwendungsmöglichkeit der aufgefangenen Stoffe bin ich überzeugt.

Aber ich bin ein Laie; Erfinder werden mich belächeln. Es bleibt mir nur der Trost: In der Geschichte der Wissenschaften wurden Ahnungen von Laien auch anderswann belächelt, bis die Zeit heran war, in der diese Ahnungen Wirklichkeiten wurden. Nein, ich denke nicht nur an die Atomtheorie.

———

Ein Atom vereinigt sich mit anderen Atomen, wird Mensch und versucht in dieser Gestalt etwas über sich zu erfahren.

Wo bleibt die Erfahrung, wenn die Atome wieder auseinander streben? Bleibt ein Teilchen Erfahrung in jedem Atom? Oder fährt die Erfahrung nur in die Summe der Atome ein? Fährt sie wieder aus, wenn die *Atomversammlung* sich auflöst? Wenn es so wäre, hätte man es da nicht mit dem verschrienen Deus ex machina zu tun?

———

Ich war nicht hier, nun bin ich hier, und dann werde ich nicht mehr hier sein. Da ich mir meines Vorseins nicht bewußt bin und meines Nachseins nicht bewußt sein werde, mir aber wohl meines Hierseins bewußt bin, scheint mir wichtiger, unablässig danach zu forschen, wozu ich hier bin, als mein Hiersein damit zuzubringen, den Mitmenschen, die sich zu meinen Beherrschern aufschwangen, zu gefallen.

———

Mehr als die großen Vorgänge auf dieser Welt beobachte ich die kleinen, die in ihrer Summe die großen sind.

Ich nehme das erste kleine Zittern wahr, und das große Beben überrascht mich nicht.

———

Sollte auf dem Mond doch noch ein Stoff entdeckt werden, der sich auf der Erde verwenden läßt, so wird er nach allem, was man bisher über den Erwerb von Bodenschätzen »zum Wohle des Menschen« kennt, nicht ohne vorherigen Krieg heruntergeholt werden können.

———

Komm mit mir in die Stille, liebe Freundin! Dort liegt der Block des Ungestalteten. Laß uns winzige Stücke aus ihm brechen, laß sie uns zu Gedanken und Liedern formen! Laß uns nicht aufhören, in dieser Weise nützlich zu sein!

———

Wer weiß, zu was für einem »Gegenstand« im Makrokosmos wir mit unserer Erde gehören? Vielleicht ist der Abstand zwischen Erde und Mond, der Abstand zwischen den Himmelskörpern überhaupt, in der Relation dem Abstand von Atom zu Atom im Mikrokosmos ähnlich …

———

Ich habe Erinnerungen, die so prall sind, daß sie nach Gestaltung verlangen, und solche, die mager sind wie Spießergespräche. Seit ich das weiß, übe ich *Erinnerungsdiätetik*.

———

Es lag Staub auf meinem Sattel, als ich aus der Stadt kam. Sie läßt mich nicht kalt, unsere Hauptstadt, doch es lag Staub auf meinem Sattel, als ich von dort kam.

———

Ich will nur noch aufschreiben, was ich wirklich sehe, und ich will aufschreiben, was ich wirklich weiß, und ich will aufschreiben, was ich wirklich fühle. Das ist nicht leicht, aber ich hoffe, damit aufzuschreiben, was nur ich aufschreiben kann.

———

Bevor ich selber etwas schrieb, las ich die verschiedensten Bücher. Man hatte mir gesagt, ein angehender Schriftsteller müsse sich durch Lesen Anregungen verschaffen, doch bald erkannte ich, daß meine Schreibereien nach dem Befolgen dieses Ratschlags nur ein Aneinanderreihen fremder Gedanken waren. Das machte mich unzufrieden, und ich hörte auf mit dem Viel-Lesen, und ich fing an, das Leben in seiner Mannigfaltigkeit zu beobachten. Das war schwerer als Lesen, aber es machte mich selbständig.

———

»Ich habe mich totgelacht.«
  »Das hat mich umgeworfen.«
  »Ich konnte nicht mehr vor Lachen.«
  Übertreibungen, Überhöhungen, doch die, die sich ihrer täglich bedienen, pochen auf »Realismus«, wenn ich beim Schreiben überhöhe, um zu verdeutlichen.

———

Ich spüre, ich bin beauftragt, Kunde über mich selber einzuholen, und darin besteht meine Einmaligkeit, und das ist das Ziel meines Hier- und Daseins.

———

Meine Sinne sind grob, meine Antennen fürs Geistige sind oft nicht eingeschaltet, ich bin täuschbar, und dieser Umstand kann zur Negation meiner selbst und zur Selbstvernichtung führen.

————

Ich will von jetzt ab mehr von einem jeden meiner Tage erhalten, will eine Tagstunde nichts als müßig sein und die Eindrücke, die mir tagsüber wurden, überdenken.

————

Es ist mir nie schwergefallen, bescheiden zu sein, nur jenes meiner Mitbringsel, das Phantasie geheißen wird, läßt sich auf keinerlei Bescheidenheit ein. Wenn wir es hier auf Erden nicht bald zu einem beständigen Frieden bringen, sagt sie mir, kann der Raketenschuß, den wir vor Tagen auf die Venus abfeuerten, der Anfang zu einem außerirdischen Kolonialsystem gewesen sein.

————

Ich kann mir vorstellen, wie es hier ist, wenn ich nicht mehr bin, doch ich kann mir nicht vorstellen, wie es dort ist, wo ich sein werde, wenn ich nicht mehr bin, obwohl ich von dort kam und hier nur durchreise.

————

Wie tief die Wolken auch über der Erde hängen, der Flieger sieht die Sonne. Da ich kein Flieger bin, will ich wenigstens meine Gedanken nicht wühlen, sondern fliegen lassen.

————

In der Morgendämmerung atmete ich den Gesang der Heidelerche ein. Ich wußte nicht, ob es die erste Morgenstrophe oder die letzte Nachtstrophe der kleinen Lerche war, aber der Gesang tötete den Zorn über »verlorene

Zeit« in mir: Ob erste Tagstunde, ob letzte Nachtstunde –
es ist jederzeit möglich, Entscheidendes zu tun, sogar
noch einen Tag vor dem Tode, sagte ich mir.

Mit ruhigen, wohlgeordneten Gedanken schlafe ich ein,
mit Gedankengewirr erwach ich; also muß ich trachten,
Kontrolle über die Nachtarbeit meiner Gedanken zu erlangen!

In christlichen Zeiten wurden die Wissenschaftler als Ketzer bezeichnet; im *wissenschaftlichen Jahrhundert* bezeichnet man die Christen als Ketzer. Da stimmt was nicht; da
fehlt was Übergreifendes, denk ich.

Zu meinem Arzt habe ich noch immer ein Buschmann-
Medizinmann-Verhältnis, aber nicht ich allein, und er zu
mir auch.

Ich sage: *Himmel*, und ich sage: *Erde*, obwohl ich weiß,
daß Erde verdichteter Himmel ist, und ich laß damit die
Zerstückelung des Weltalls zu. Eine Erscheinungsform er-
gibt sich aus der anderen, ein Begriff aus dem anderen,
und zuweilen drohen mich Erscheinungsformen und Be-
griffe in ihrer Mannigfaltigkeit zu ersticken.

Aber ich kämpfe dagegen an, verschaffe mir Stunden,
in denen ich mich wieder auf den unverdichteten *Himmel*
orientiere, und es sind meine besten Stunden, die Stunden, in denen ich schöpferisch bin.

Die Erde, scheint mir, schickt verschiedenartige Zellen-
Anordnungen, Minerale, Pflanzen, Tiere, Menschen, aus,

um etwas über sich zu erfahren, doch sie löst auch die zäheste Zellen-Anordnung wieder auf, und das ist, als könnte sie nur von den Atomen, die einen Zellenverband bildeten, erfahren, was sie zu erfahren trachtet.

Wenn ich mit Wissenschaftlern über meine Vermutung spreche, tue ichs mit der Vorsicht, mit der ich als Kind über Vorgänge sprach, die die Erwachsenen übersehen zu haben schienen. Der Erfolg ist auch ähnlich: Es wird mir nicht geantwortet; vielleicht unter der »Schutzmarke«: Mit Kleinkindern und Narren soll man nicht streiten.

———

Und laßt mich noch ein bißchen gegen den neuen Gott ketzern, den wir uns im Begriff sind zu errichten: Daß Himmelskörper einander durch Strahlung beeinflussen, gilt als wissenschaftlich erwiesen; wenn ich aber behaupte, auch Menschen würden einander durch Strahlung beeinflussen, schimpft man mich »einen Metaphysiker«;

Pseudowissenschaftler sind drauf aus, mein Vertrauen in die eigenen Erfahrungen zu erschüttern, doch ich widerstehe ihnen im Namen der Kunst, und ich halte ihnen vor, daß einst »der Glaube« an Atome eine verlachte »metaphysische Angelegenheit« war, und jetzt, nach Jahrhunderten, gilt für einen Narren, wer die Existenz von Atomen leugnet.

———

Ich finde, solange wir unsere Zähne und unsere Krallen noch durch Bomben und Raketen ersetzen und um ein Landstück, wie Raubtiere um ein Fleischstück, übereinander herfallen, sollten wir uns nicht »zivilisiert« nennen.

———

Es wär mir schon recht, wenn ichs mit meinem Leben so halten könnte wie mit dem Romanschreiben: immer eine neue Fassung, zwanzig und mehr Fassungen – damits einem Kunstwerk ähnlich wird. Aber da ist die erste Seite. Sie ist im Leben, im Gegensatz zum Roman, vorgegeben und bewirkt, daß ich nur unter äußersten Anstrengungen mit der zwanzigsten Lebensfassung was Besseres erzielen würde als mit der ersten.

————

Noch immer versuche ich mich mit dem, was ich schreibe, an das heranzutasten, was mich unverwechselbar macht, was nur ich allein kann.

Es geschieht nicht aus Eitelkeit. Die Zeit, da auch sie beim Schreiben im Spiel war, ist vorüber; es geschieht, um mein Hiersein zu rechtfertigen.

————

Ich sehe auf meine Väter und sage: »Das Leben vergeht!«

Ich sehe auf meine Kinder und sage: »Das Leben fängt an.« Ich sehe nach innen und fühle weder Vergehen noch Anfang.

————

Mancher Tag verbirgt seinen Inhalt hinter drei dicken Häuten aus *Abhaltungen*, die ich mit dem Messer Beharrlichkeit durchstoßen muß.

————

Ein Schuh ist die Verstärkung der menschlichen Fußsohle; eine Schachtel – ein Stück begrenzter Weltraum, eine Mauer ist ein Ersatzfelsen. Von Zeit zu Zeit halte ich mir die Urformen der von uns nachgeschaffenen Dinge vor Augen. Das ist nützlich und spaßig zugleich, zum Beispiel, wenn ich bedenke, daß mein Mantel der Winterpelz ist, der mir einst wuchs.

————

Leute enttäuschen mich; ich enttäusche Leute, aber ich kann aus diesem Umstand nicht die *Unzulänglichkeit der Menschheit* ableiten. Was ich charakterlich zu wenig hab, hat ein anderer die Fülle und umgekehrt.

———

Ich höre, man hat den Hund Laika ins Weltall geschossen. Sieh mal an, denk ich, die Tiere bekommen eine neue Funktion: Wir schicken sie vor, die Straßen zu den Sternen zu erkunden.

———

Das Intervall von Pulsschlag zu Pulsschlag einer Pflanzenzelle beträgt fünf Minuten. Man hat es mit Hilfe von Isotopen, Kalium und Natrium festgestellt, und man war überrascht, daß diese Art von *Pulsschlag* nicht nur ein Privileg der Nervenzelle ist, und die Wissenschaftler hoffen, aus dieser Tatsache Erkenntnisse über die Einheitlichkeit aller Lebewesen zu gewinnen.

Als ich das las, konnte ich nicht umhin, ketzerisch festzustellen: Die Mystiker sprachen schon vor Jahrtausenden von der »Einheitlichkeit aller Lebewesen«, ohne die Hilfe von Mikroskopen und Isotopen in Anspruch genommen zu haben. Heutzutag allerdings mißtraut man den »Apparaturen«, mit denen sie ihre Erkenntnisse gewannen.

———

Mein Nachbar, der auf dem Lande aufwuchs, hat seinen Wettersinn einschlafen lassen. Er hört den amtlichen Wetterbericht ab und wird wild, wenn das vorausgesagte Wetter nicht eintrifft. Auch mein Großvater wurde wild, wenn sein Wettersinn ihn »beschissen« hatte. Was hat sich denn da zum Besseren hin geändert? frag ich.

———

Ich sehe Jünglinge, auch Männer, die der Maskenball-Vorstellung huldigen, man müsse sich wie ein »Künstler« kleiden und geben, dann sei man einer; und ihre Vorstellung von einem Künstler beziehen sie aus Operetten.

———

Wenn der Tag noch unangetastet ist, wenn noch nicht einmal die Lieder der Vögel die Luft über meinem Kopfe durchzittern, scheint die Kraft, aus der sich in meinem Hirn Gedanken bilden, unverzüglicher und steiler auf mich einzuwirken.

———

Die obere Erdschicht besteht aus Totem, toten Pflanzen, totem Getier und toten Menschen, und wir verbringen darauf unser Leben.

———

Ich frage mich, wieso die Menschen im allgemeinen literarische Figuren gelten lassen und ihnen sogar Mitspracherecht in ihrem täglichen Tun einräumen, die Existenz von Geistern aber verneinen.

Demnach spielt die schriftliche Fixierung von Geistern eine wichtige Rolle, und die Literatur ist – so mystisch das auch klingen mag – eine Art Geisterbeschwörung.

———

Die sich meinen unvollkommenen Augen darstellende Grenze meines Körpers scheint mir nicht die wirkliche Grenze zu sein. Es muß da noch eine *Schicht* sein, die mit der Umwelt korrespondiert. Mit den Augen sehe ich nur die massivsten Verdichtungen und Massierungen von Molekülen oder Atomen. Jene *Schicht* eines Körpers also, die mit der Umwelt korrespondiert, ist vermutlich bei sogenannten leblosen Körpern sehr *dünn*. Sie nimmt an *Mächtigkeit* zu, je *lebendiger* ein Körper ist. Ihre größte *Reichweite* scheint sie beim menschlichen Körper zu haben, und bei ihm hinwiederum variiert sie nach Maßgabe der Energie, die dem Einzelmenschen zur Verfügung steht.

————

Wie ich feststelle, gibts nicht nur Chauvinismus bei den einzelnen Nationen auf der Erde, sondern es gibt auch einen Chauvinismus der Erdenmenschen insgesamt: Der Erdenmensch hält sich für das einzige vernunftbegabte Wesen im Weltall. Stolzgeschwellt verkündet er, er sei unterwegs zu den Sternen, und zieht nicht ins Kalkül, daß sich Sternenwesen vielleicht schon lange um ihn kümmern.

————

Die Winde beweisen mir, daß Bewegungen, die mich erreichen, von weit, weit her sein können.

————

Die Erde dreht sich nicht nur, sie nimmt mit jeder Umdrehung auch einen neuen Platz im Weltenraum ein. Jeden Tag entstehen neue Konstellationen, nur ich ziehe meine alten Gedanken hinter mir her wie jene verzüchteten japanischen Goldfische ihre Schleierschwänze.

————

Wir haben die Welt – zur besseren Übersicht – in Abteilungen zerlegt, aber leider haben wir uns auch angewöhnt, über eine Abteilung zu sprechen, wenn wir die Welt meinen. Daraus entstehen unsere großen und kleinen Irrtümer und die Irrlehren.

————

Um die Sterne am Tage sehn zu können, sah ich als Junge durch das Luftloch eines Braunkohlenschachtes. Aus der

Grube einer Krankheit erkenne ich das Glück meines All-
tags.

_____

Als ich hier ankam an meinem »Arbeitsplatz«, war mir alles neu, und mein Glück bestand darin, die Dinge um
mich her zu entdecken. Später hielt ich sie, verführt durch
eine abgestumpfte Umgebung, für Selbstverständlichkei-
ten. Jetzt, an der Tür des Alters, gewahre ich, daß das
Glück nach wie vor darin besteht, die Dinge auf meine
Weise zu entdecken.

_____

Noch immer hilft mir die Kritik von Dummköpfen nicht.

_____

Ich bin hier, also werde ich auch gebraucht, sagte ich mir, so
ums dreißigste Lebensjahr herum, und wenn ich mich nicht
zu lange mehr bei Einflüsterungen, Überredungen und
Nachahmungen aufhalte, müßte ich herausfinden, wozu
ich gebraucht werde!

_____

Als ich an meinen Richtfiguren, auch an den literarischen,
nur noch dies und das und nicht mehr alles ideal fand,
wars, meine ich, daß ich zu reifen anfing. »Ewige«
Schwärmer stehn auf der Stelle. Ihre Richtfiguren wechseln, aber ihre Einsichten wachsen nicht.

_____

Es währte seine Zeit, bis es mir gelang, eine Art schöpferi-
scher Lebenshaltung zu erreichen, die mich beim Schaffen
von der Gunst des Augenblicks und der Umgebung unabhängig machte. Sie ist dem Gebet eines wirklich Gläubigen
nicht unähnlich.

_____

Wenn der letzte Traktor den Waldweg verläßt, wenn die Nachbarn sich in ihre Häuser zurückziehen, wenn der volle Mond scheint und die Wildgänse ihn grüßen, ahne ich, wenn ich ins Gewimmel der fremden Welten seh, welche Berge von Einsamkeit *der* Mensch zu bewältigen hat, der einem Stern zustrebt.

――――

Die Zeit meines Alterns versuche ich selber zu bestimmen: Ich halte mir Projekte in Vorrat, an deren Verwirklichung ich zäh arbeite, auch unter widrigsten Bedingungen.

――――

Eine säuberlich notierte Aneinanderreihung menschlicher Grausamkeiten und Leiden wirkt wenig läuternd auf den Leser, wenn sie nicht durch einen Dante nacherlebbar gemacht wird.

――――

Der tägliche Blick in die Tageszeitungen ruft den Selbstvorwurf in mir auf: Du tust zuwenig für den Tag!

Würde ich jedoch alle Tagesforderungen erfüllen: öffentliche Proteste, Stellungnahmen, Versammlungen und Sitzungen und noch mehr Sitzungen und auch sonst alles, was mir von Leuten, die für das Organisieren solcher Veranstaltungen bezahlt werden, aufgedrängt wird, käme ich nie im Leben zu einem eigentlichen Werk.

Mein »schlechtes Gewissen« suche ich mit Gedanken an Goethe zu besänftigen. Auch ihn bedrängten die Tagesereignisse am Weimarer Hofe und die der Welt nicht minder, doch er wußte sich zu hüten, seine Kraft happenweis an sie zu verfüttern. Er schrieb – nicht unangefochten, aber zäh – an seinem »Faust«, der über den Weimarer Alltag hinaus bis in unsere Tage gültig blieb.

Jetzt vergleicht er sich schon mit Goethe, werden jene

Zeitgenossen sagen, denen ich ein Dorn bin. Mögen sie! Die anderen wissen, was ich meine.

———

Das Interessante an meinem Menschsein: zu erproben, wieviel Spielraum meinem Willen zwischen Mikro- und Makrokosmos bleibt.

———

Auf einen dreiundachtzigjährigen Alten:
   Das ist kein Gesicht mehr, das ist das Relief einer Lebenslandschaft.

———

In der Jugend gehn wir freigebig mit unserer Lebenszeit um; im Alter geizen wir mit ihr, aber noch immer bin ich mir im Zweifel, ob das Geizen mit der Zeit im Alter wirklich weise ist. Ich verlasse mein Land in nördlicher Richtung und betrete es von Süden her, wenn ich, ohne meine Richtung zu ändern, fortschreite oder fortfahre. Die Erde ist rund, höre ich, und alles ist ein Kreislauf, höre ich auch.

———

In der Jugend erwartete ich was vom Leben; jetzt erwarte ich nur noch von mir was, und wenn ich nichts mehr von mir erwarte, werde ich tot sein, selbst, wenn ich noch leben sollte.

———

Seit ich am Leben bin, habe ich Fragen; vorher hatte ich keine, und nach dem Ableben werde ich vermutlich keine haben. Ja, sag ich mir, leb ich also nur, wenn ich frage, oder frage ich nur, wenn ich lebe?

———

Die Luft, die ich heute atme, ist nicht die Luft, die ich gestern atmete, also muß heute etwas Neues in mir sein.

Sinds vielleicht Trägheit und Gewohnheit, die mich hindern, mir dieses Neue bewußt zu machen?

———

Als Kraftfahrer fahre ich schon geraume Zeit nicht mehr nach eigenem Ermessen. Ich bilde es mir nur ein. Ich fahre nach den Hinweisschildern der Verkehrsüberwachung.

Es gibt auch auf anderen Lebensgebieten solche »Hinweisschilder«. Was tue ich noch nach eigenem Ermessen?

———

Es sind nicht mehr Fernendrang und Forscherdrang allein, die uns Menschen zur Kontaktaufnahme mit den Sternen treiben; auch die Furcht vor unseresgleichen fängt an, dabei eine Rolle zu spielen. Schließlich träumen unsere kriegerischen Geister davon, von einem Stern aus die Erde zu beherrschen. Welche Enttäuschung, wenn sie feststellen müßten, daß die Erde längst von *Sternenmenschen* beherrscht wird!

———

Wenn ich was Gutes machen will, muß ich darüber die Welt vergessen, und das ist das Geheimnis und die Schwierigkeit, etwas Gutes in der Welt zu machen.

———

So viele Menschen – so viele Lebensziele, aber mein Ziel ist einmalig, und niemand außer mir kann es erreichen. Ich versuche, mir gute Gewohnheiten, als Brücken zu diesem Ziel hin, zuzulegen.

———

Wenn der Tau einer Julinacht auf den Rispen der Windhalme liegt und dazu die Sonne von hinterm Wald hochkommt, wähne ich vor einem verschneiten Feld zu stehen, und es ist, als wollte das Leben mir beweisen, wie täuschbar meine Sinne sind.

————

Es gibt Tage, an denen ich recht sehr spüre, daß ich aus »Erde gemacht« bin. Stumpf gehe ich umher, und die *Nachrichten* aus Fernen erreichen mich nicht, und die Erde will mich auf sich vereidigen.

————

Bald ist es soweit, daß mein Glück nur noch aus meiner Arbeit kommt.

————

Heute ist mir, als sollte ich bald schon meine Tage so in der Gewalt haben, daß keiner vergeht, ohne daß ich etwas an meinem Werk tat, aber morgen kanns sein, daß ich das Gegenteil fühle und trotzdem nicht aufgebe.

————

Sobald ich still genug bin, mich selber zu hören, werde ich auch von anderen nicht mehr überhört.

————

Doch wenn ich mich selber zu ernst nehme, werde ich von anderen nicht ernst genommen.

————

Als das Wasser Wolke wurde, vergaß es, daß es wieder ins Meer münden würde.

————

Wenn ich jeden Tag nur einige Minuten an das Urthema meines Lebens denke, treten allmählich die Talmi-Forderungen, mit denen man mich bestürmt, zurück und erhalten ihre vernünftigen Proportionen.

————

Ein Glück, daß ich von zwei unschöpferischen Räuschen nicht bedrängt werde, vom Geschwindigkeitsrausch nicht und vom Rausch der Betriebsamkeit nicht.

―――

Menschengesichter sind die Schreibhefte des Lebens. Es schreibt in Runenschrift. Ich lerne sie mit den Jahren immer besser lesen und vermute, daß Wahrsager und Propheten perfekt drin sind.

―――

Erinnerungen – schöpferisch verwendet – helfen leben. Erinnerungen als sentimentale Betrachtungen – helfen sterben.

―――

Eine Freude widerfuhr mir, und ich benutze sie als einen Schlüssel, den ganzen Tag ins Annehmlichkeiten-Kabinett des Lebens zu sehen.

―――

Eine zuwenig gerühmte Tugend scheint mir die Ausdauer zu sein.

―――

An manchen Tagen flattern die Stunden davon wie Schmetterlinge. Ich denke nicht daran, sie alle einfangen zu wollen, aber einer jag ich zuweilen doch nach, damit ich nicht einen ganz und gar leeren Tag betrauern muß.

―――

Hast, Verkrampfung, Routine und Trott kommen im Katalog menschlicher Untugenden nicht vor, und doch stören sie, nach meiner Meinung, das menschliche Zusammenleben mehr als andere menschliche oder moralische Gebresten.

―――

Was ich nicht seh, das glaub ich nicht, sagte der unklügste meiner Freunde. Du, sagte ich ihm, mancher hat den Krebserreger nicht gesehen und mußte doch dran glauben.

————

Täglich gehe ich mit der entspannten Erwartung in den Wald, daß ich dort etwas sehen werde, was ich noch nie sah.

Täglich gehe ich mit der entspannten Erwartung durch den Tag, daß ich einem neuen Gedanken begegnen werde.

————

Ich darf nicht vergessen, daß der Vorrat an Zeit, mit dem ich zuweilen noch so unsorglich umgehe, bald aufgebraucht sein wird!

————

In den großen Städten bezahlt der Mensch das Wasser, das er täglich braucht, und er bezahlt, wenn er für vier Wochen reine Luft haben will, er bezahlt, wenn er Tiere sehen oder an bestimmten Orten sein Wasser abschlagen will. An den Straßenkreuzungen kriecht er unter die Erde, damit ihn die Maschinen, die er sich erfand, nicht umbringen. Aber er lobt die Zivilisation. Was ist mit ihm los, wohin treibt er? frage ich mich, wenn ich das bedenke.

————

Vor meinem Hause stehn geduldige Wesen und warten. Sie nehmen ihre Mahlzeiten an Ort und Stelle ein, und sie sind mit dem, was die blanke Erde gibt, zufrieden; mich aber schaun sie mit der Hoffnung an, daß ich nicht nur Schränke und Truhen aus ihnen mache, daß ich nicht nur Feuer mit ihnen füttere, sondern daß ich aus ihnen Poesie keltere.

————

Auch die absoluten Verfechter der Vernunft, sehe ich, frönen mindestens in einem Punkte der Unvernunft – sie bleiben am Leben; denn angesichts der verheerenden Wirkungen der Unvernunft müßten sie sich *vernünftigerweise* umbringen.

———

Es gefällt mir nicht, am Tisch zu sitzen und die Erfahrungen anderer in mich hineinzustopfen. Ich will selber Erfahrungen machen und will Pionier im Dickicht des Lebens sein.

———

Den Erfinder der Treppe kennt niemand, den Erfinder ihrer Weiterentwicklung, der Zahnradbahn, kennt man vielleicht noch; bestimmt aber kennt man den Erfinder des Hubschraubers, einer Weiterentwicklung der Zahnradbahn.

Je näher Entwicklungen und Verbesserungen von Dingen und Einrichtungen der Jetztzeit liegen, desto lauter machen sie von sich reden, desto eifriger werden sie marktschreierisch als *technische Revolutionen* gepriesen.

———

Wenn von vier Hundertmeter-Läufern einer nach zwanzig Metern aus der Bahn ginge, um sich an einer Limonade zu laben, würde das Gelächter oder Bestürzung bei den Zuschauern auslösen.

Auf der Lebensbahn geschieht das häufig, ohne daß es jemand lachend oder bestürzt zur Kenntnis nimmt.

———

Menschen mit gesundem Magen sprechen nicht über ihn; sie haben keinen Anlaß. Also müssen Menschen, die viel von ihrer Seele reden, einen Anlaß haben.

———

Ich will mich davor hüten, den Lesern meine Bücher aufzu-schwatzen, auch will ich mich davor hüten, etwas in meine Bücher hineinzugeheimnissen. Aber lieb wäre mir, wenn einige Leser, die auf das stoßen, was ich aufschrieb, ganz für sich sagen würden: Das ists, was auch ich dachte, ohne es ausdrücken zu können; der da hats mir abgenommen.

———

Jahrhundertelang haben sich Schwärmer Flügel gewünscht. Seit fünfzig Jahren haben sie welche, doch nun schwärmen sie, ohne die neue Poesiequelle, die aufsprang, zu nutzen, vom Leben auf den Sternen. Was also sind die Schwärmer eigentlich? Eine Humus-Schicht, auf der Erfinder gedei-hen?

———

Das Land meiner Kindheit liegt nicht irgendwo; es liegt in mir; niemand hat es mir genommen, nur der Weg dahin ist schwer zu finden.

———

Wenns dann soweit ist, wünsch ich mir, an einem Maien-tag davonzugehen.

———

Ein Künstler, der all seine Zeit, seine Kraft und seine Phantasie in sein Werk steckt, erhält Macht, ohne daß er danach trachtet, aber oft erlangt er sie erst nach seinem Tode. Erlangt er sie im Leben und mißbraucht sie, fällt er sogleich vom Thron. Das unterscheidet ihn von anderen Mächtigen.

———

Wenn ich mein ganzes Tun und Trachten und alle meine Gedanken auf die Arbeit hinlenke, die ich unter der Hand habe, wenn ich sie kraftvoll verrichte, spare ich Kraft. Psy-cho-Physik?

———

Ich will mir angewöhnen, bei jeder Sache, die ich vorhabe, zu prüfen, ob ich im Begriff bin, sie aus Eitelkeit zu tun, und ich will sie unterlassen, wenn Selbstliebe im Spiel ist.

———

Ich will draußen auf den Feldern, in den Wäldern und in den Straßen der Städte sein. Ich will wissen, wie der Sturm, der heranbraust, aussah, als er noch Wind war.

———

Die Wissenschaft interessiert mich, auf Forschungsergebnisse bin ich neugierig, da sie für mich zum Teil Bestätigungen sind, aber ich bin nicht wissenschaftsgläubig, wie man es von mir als Menschen des zwanzigsten Jahrhunderts und als Bürger dieser Republik erwartet. Ich strebe nach Harmonie.

———

Wir experimentieren an der Ausmerzung des Raubtierglücks und meinen (vielfach fälschlich), dabei einem Teil der Menschen das Glück eines sie befriedigenden Berufs, einer sie befriedigenden Arbeit vorenthalten zu müssen. Verlieren wir, auch wenn unsere Meinung vorerst richtig sein sollte, das Ziel nicht aus den Augen, unbedingt für alle die Kongruenz von Leben und beglückendem Schaffen herzustellen!

———

Feuer fiel (als Blitz, als Lava) vom Himmel, breitete sich aus und vernichtete die *Welt* des Urmenschen, vernichtete ihn selber. Und jener Urmensch, der das Feuer zum ersten Male auf einer Herdstelle unter Kontrolle brachte und mit ihm hantierte, mag in seiner Sippe nicht weniger bewundert und gefürchtet worden sein als die heutigen Physiker, die sich mit der Kernspaltung befassen.

———

Die Kraft des Feuers hat der Mensch unter seine Kontrolle gebracht und für seinen Zivilisationsdrang genutzt. Sollte uns das mit der Atomkraft nicht gelingen, müßte, folgere ich, die menschliche Vernunft, statt angewachsen zu sein, abgenommen haben, und meine Vermutung, daß der Mensch sich entwickle, würde sich endgültig als Utopie erwiesen haben.

———

»Eene Krankheit ooch noch pflegen? Das kinnde der so passen«, sagte mein Großvater, zog sich die Stiefel an und ging arbeiten, bis er schwitzte.

———

Der Wassertropfen, das Sandkorn, die Zelle – das ist die Dreieinigkeit in der Natur.

Das Sehen, das Begrenzen, das Zerkleinern – das ist die Dreieinigkeit in der Wissenschaft.

Das Sehen, das Auswählen, das Überhöhen – das ist die Dreieinigkeit in der Kunst.

———

Das Material für gute Gedanken ist stets vorhanden und drängt auf mich an, aber mein Apparat, der aus dem andrängenden Material gute Gedanken macht, ist oft nicht frei und damit beschäftigt, Ausschuß zu produzieren.

———

Was ich auch schreibe und veröffentliche, immer sind Leser da oder Leute, die nicht lesen, sich aber berichten lassen, und sie wünschen, ich hätte, was ich schrieb, anders schreiben sollen.

Tolstoi hätte nach der Meinung einiger Zeitgenossen »Anna Karenina«, Puschkin »Eugen Onegin« und Babel »Die Reiterarmee« anders schreiben sollen.

Soll ich mich von nörgelnden Zeitgenossen beirren lassen, wenn ich auch Gleichgesinnte vorfinde?

————

Ich will aufmerken, daß ich mich nicht auf die Bank der Alten und Resignierenden niederlaß. Da aber die Gefahr besteht, daß ichs selber nicht bemerke, will ich meine beste Freundin bitten, mich zu warnen, wenn die, die vorgeben, meine Arbeit zu schätzen, zu den Verkrusteten gehören.

————

Wortbrüchig vor mir selber dazustehen wird mir von Jahr zu Jahr peinlicher.

————

Meine Empfindung von Ort und Zeit sind Hilfsmittel des Lebens, mich in Hinblick auf den Zweck meines Daseins unruhig zu erhalten; denn sobald ich mich meinem Werk ergebe, das ich als mein eigentliches erspürt zu haben glaube, zieht das Leben seine Hilfsmittel Ort und Zeit zurück und läßt mich an der Allgegenwart und der Ewigkeit teilhaben.

————

»Nichts zu forcieren und alle unproduktiven Tage und Stunden lieber zu vertändeln und zu verschlafen, als an solchen Tagen etwas machen zu wollen, woran man später keine Freude hat«, ist Goethes Rat, doch mir will scheinen, daß noch besser ist (besonders in der zweiten Hälfte), sein Leben so zu halten, daß solcher Tändeltage wenige sind.

————

Wie möchte die Welt für mich aussehn, wenn ich soviel Nase hätte wie ein Hund, soviel Auge wie ein Raubvogel, soviel Ohr wie eine Fledermaus und wenn ich soviel Flügel wäre wie ein Schmetterling?

————

In unseren Bühnendramen wird das Dramatische und Unheimliche mit der Tatsache erzielt, daß der Mensch den Menschen aus seiner Lebensbahn wirft. In der Wirklichkeit wird der Mensch jedoch am häufigsten von Grenzgängern zwischen dem Organischen und Unorganischen, von Bakterien und Viren aus seiner Lebensbahn geworfen.

————

In einer Reihe von Jahren wirds selbstverständlich sein, daß sich Menschen verschiedener Erdnationen auf dem Mond befinden.

Selbstverständlich aber wird noch nicht sein, daß wir auf der Erde einander nicht in Kriegen totschlagen. Selbstverständlich wird vielleicht nur sein, daß wir uns stolz zugute halten: Wir warens nicht, die das Totschlagen anfingen.

————

Würde ich die Realitäten dieser Welt nicht gerechter oder richtiger erfassen, wenn ich mir abgewöhnen könnte, sie aus der Zentimeterhöhe, in der sich mein Kopf überm Erdboden befindet, zu beurteilen? Es ist doch so, daß ich nur zu gern etwas als kleiner, schwächer, geringer, größer, stärker und mächtiger bezeichne, was unterhalb oder oberhalb meiner Kopfhöhe liegt.

————

Mir ist, als hätt ich in meiner frühen Kindheit einen Ton gehört, meinen Ton. Nun such ich ihn seit fünfzig Jahren, such ihn in Orchesterwerken, in primitiven Spieldosen, im Klang des bewegten Wassers und in den Winden. Ich finde ihn hier und dort, vermischt mit anderen Tönen, aber ich gebe die Hoffnung nicht auf, ihn einmal allein und auf sich gestellt anzutreffen.

———

Wer eine gute Fabel und einen guten Schluß hat, darf nüchtern erzählen; wer nicht – braucht einen blumigen Stil.

Wer ein Lebenswerk und den Plan zu ihm hat, darf schweigen; wer nicht – muß schwätzen.

Wer liebt, darf leben, ohne sich umzusehen; wer nicht – muß von der Liebe reden und sie von anderen fordern.

———

Wer sich auf große menschliche Haltungen orientieren will, kann die Bibel als Literatur nicht rechts liegenlassen!

———

Meine Tage tummeln sich, und ein jeder ruft am Abend von hinterm Wald: Nie wieder, nie wieder!

Glücklich wär ich, wenn ich jedem nachrufen könnt: Ich hab dir entrissen, was ich konnt.

———

Ich will aus dem Zufälligen, was mir jeder Tag heranschleppt, auswählen, was mich dem Zustand, zu dem ich hin will, näher bringt. ———

Es gibt keine Weisheit, die absolut unbekannt ist, merk ich, aber sinds nicht gerade die zeitgemäßen Variationen und Wiederholungen der *Nachentdecker*, die alte Weisheiten auch für uns brauchbar machen?

———

Wir sperren unseren Geist (Erfindergeist) in eine kontrol-
lierbare Flugmaschine, steigen im Weltenraum aus dieser
Maschine aus und hängen uns mit einer Leine (Nabel-
schnur) an sie und umkreisen in Höhen, die andere Lebewesen nicht erreichen, unsere Erde, und wir nennen das
dann in unseren Zeitungen: »Freien Flug«.

Wer kennt sich da noch aus? Unser in eine Maschine
gesperrter Geist fliegt vor uns, und wir halten uns an ihm
fest, und wir nennen das unseren *Freien Flug*.

———

Den Einfluß der Sonne auf mein Leben erkenne ich an,
weil ich ihn mit meiner Haut wahrnehme. Den Einfluß
der Sterne leugne ich, weil ich ihn nicht auf der Haut
spüre. Ist das nicht, wie wenn ich sag: Was ich nicht seh,
das gibt es nicht?

———

Jetzt sind die Rehe rot.
Der Juni hat den Hecken
Viel Rosen aufgesteckt;
Ihr Duft hat angegilbte
Erinnerung geweckt:
So manches Mädchen kannt ich
Im Gras und hinterm Strauch,
Und manche denkt beim Rosenblühn
Gewiß jetzt meiner auch.
Es schleicht vielleicht der Rosenruch
In ihren Alltagssinn;
Sie denkt mich, wie ich damals war
Und nicht, wie ich jetzt bin.

———

Je älter ich wurde, desto mehr reduzierten sich meine Vor-
stellungen vom *Glück*. Jetzt gibt es nur noch eine: *Schrei-*

ben. Nicht schreiben wollen, sondern schreiben müssen. Es gibt keine Wahl mehr.

———

Er sah sein Werk an und sah, daß es gut war, und er machte sogleich ein besseres, und als er sah, daß es besser war, machte er sogleich ein noch besseres; und das fort, bis er sich aufzulösen begann und das wurde, was er vorher war. Seine Feder überdauerte ihn um ein kleines, und einige von ihm hergestellte Wortverbindungen überdauerten ihn etwas länger, weil vielleicht eine kleine Weisheit in ihnen verborgen war, die nur er hatte wiederentdecken können.

———

Während wir mühevoll Kontakt zu Lebewesen auf Sternen suchen, entdecken wir mit eins auf der *altbekannten* Erde ein Lebewesen, dessen Hirn, wie gesagt wird, dem des Menschen ähnelt – das Hirn des Delphins nämlich.

———

Wenn ich nichts mit mir anzufangen weiß, greift sogleich die Umwelt ein und fängt etwas mit mir an.

———

Einstmals führten unsere Straßen durch die Baumwipfel der Urwälder, und wir vernichteten von dort aus unsere tierischen Feinde auf der Erde und machten die Erde für uns bewohnbar.

Für unsere (planlose) Zivilisation vernichteten wir unsere Straßen in den Bäumen und für unsere (planlose) Zivilisation vernichten wir, scheint mir, die Möglichkeit, auf der Erde zu leben, und wir versuchen schon mühsam, das Leben in der Stratosphäre zu erlernen, um die Erde notfalls verlassen zu können.

———

So wie wir heute über die ehemalige deutsche Kleinstaate-
rei lächeln, werden unsere Ur-Ur-Enkel über die europäi-
sche und deren Ur-Ur-Enkel über die Weltkleinstaaterei
lächeln.

———

Was soll ich mich härmen, wenn mir einen Tag kein bemer-
kenswerter Gedanke aus dem Hirn fährt. Ist nicht auch die
Sonne verwölkt an manchen Tagen und kein Licht auf der
Turmspitze?

———

Mit der Dialektik sollten wir so umgehen wie unsere Altvorderen mit ihrem Gott. Niemand kann ungestraft gegen sie verstoßen.

———

Hast und Eile nehmen unter uns Zivilisationsmenschen zu,
und alle Hast und alle Eile münden letzten Endes in dem
Ziel, ein »bestgerüsteter« Staat zu sein, ob nun zur Abwehr
wie wir oder zum Angriff wie andere. Der Einzelmensch
muß viel Kraft aufbringen, damit er zwischen diesen Steinen nicht zermahlen wird. Und was ist mit der Vernunft?
Reden wir soviel von ihr, weil wir sie nicht haben?

———

Ich war erregt und stellte mich unter einen Baum, und ich
sah hinauf in sein wirr scheinendes Geäst. Er aber nahm
mein wildes Herz nicht wahr, er rauschte und wuchs.

———

Erst wenn ich von einer Arbeit besessen bin wie von einem
Laster, verrichte und vollende ich sie unter den widrigsten
Umständen.

———

Ich ging über die Heide meiner Heimat. Dort hingen
meine Kindheit und meine Jugend in Fetzen. Damals war

alles dumpf, und ich spürte nicht, was das Leben mit mir wollte. Jetzt ahne ichs. Sollt ich nicht glücklicher sein?

———

Man sagt mir, daß ich, der Mensch, durch mein Vermögen, logisch zu denken, das (bis jetzt) höchste oder bestorganisierte Wesen auf der Erde bin. Und man sagt mir, daß ich allen anderen Lebewesen voraushabe, meinen sichtbaren Leib willentlich zerstören zu können. Gut, aber über meinen unsichtbaren Leib verfüge ich nicht; über die Atome hat das, was ich mein Ich nenne, keine Herrschaft.

———

Alle menschliche Größe und Erhabenheit reizt mich, es auch zu menschlicher Größe und Erhabenheit zu bringen. Aber wenn mein Versuch nicht nur eine Nachahmung von Größe und Erhabenheit werden soll, darf ich nicht außer acht lassen, daß Größe und Erhabenheit die Summe kleiner Alltagsqualitäten sind, auf die ich aussein muß, um zu der *mir* gemäßen Größe und Erhabenheit zu gelangen.

———

Wenn ich nicht von Zeit zu Zeit still bin, überhöre ich, was das Leben von mir will und erwartet.

———

Der Sommer geht an, und die Luft ist voll Heidlerchenlaut, aber mir ists bitter, als schwämmen in meinem Blute schon die Geißeltierchen des Todes.

———

Oh, wie wenig groß ist die Liebe zu meinem Werk, wenn zween harmlose Menschen, die für ein paar Tage meinen Lebensweg kreuzen, mich darein schon beirren!

————

Meine Feste sind die Augenblicke, in denen ich spüre, daß mir eine Arbeit gelingt, und Gespräche über die Welt und die Kunst, Gespräche über die Arbeit mit Eva oder mit guten Freunden, aber hauptsächlich mit Eva.

————

Eine Stunde ist eine Stunde, aber wichtig ist, wo ich sie verbringe, ob vor, ob hinter den Kulissen des Lebens.

————

Auf einen Gecken unter meinen Bekannten:
Ein ausgefüllter Maßanzug ist noch kein Mann.

————

Jede Einladung, die ich ausspreche, müßte ich eigentlich mit dem Vorbehalt abschließen: Allerdings weiß ich nicht, ob ich mich werde um Sie kümmern können; meine Herrin, die Kunst, ist launisch.

————

In Weimar:
Vergangenheit ist alt gewordene Gegenwart.

————

Wenn ich mit andauernder Ehrfurcht auf die Stätten starren müßte, die einstmals von *großen Geistern* bewohnt waren, würde ich erstarren und geistig sterben.

————

Wenn man nur recht hinsieht, gewahrt man, daß auch damals die Kunst unter Schwierigkeiten entstand.

———

Gestern war ich Mineral, Wolke oder Wasser eines Quells. Heute ist mir aufgegeben, diese Elemente unter einen Willen zu zwingen und etwas zu sein, was das Wissen um die Läufte des Lebens zu mehren und seine Schönheit zu entdecken versucht. ———

Einmal dacht ich, nur in meiner engeren Heimat könnte ich fruchtbar sein, doch das war tumb gedacht.

———

»Vertragsentwurf zur Nutzung des Weltraumes«, das stand so selbstverständlich in der Zeitung. Niemand fand mehr etwas dabei. Hoffentlich werden wir in Jahren nicht lesen: »Krieg um den Süd-Mond ausgebrochen«.

———

Wo ein Plus ist, ist ein Minus, auch wenn das Minus dem Plus nicht auf dem Fuße folgt.

———

Die Affen kennen den Zusammenhang von Zeugung und der Geburt ihrer Nachkommen nicht. Wir kennen die Ursachen unseres Glückes, aber auch die unseres Unglücks nicht. ———

Eine der zersetzenden menschlichen Leidenschaften ist der Selbstbetrug. ———

Du wirst im Atomkrieg umkommen, wenn du nicht … Du wirst Hungers sterben, wenn du nicht … Man wird dich zum Tode verurteilen, wenn du nicht … Sobald ich den Tod nicht fürchte, und das gelingt mir schon über längere Zeitstrecken, setze ich mich lächelnd über solche Drohungen hinweg, mit denen man mich zur Botmäßigkeit zwingen will.

———

Was bin ich?

Ein paar Pfündchen Sand, die wieder in Sand aufgehen, wird mir gesagt. Und wenn ich was Geistiges hinterlaß, das nicht in Sand aufgeht? frage ich. Vielleicht hinterläßt jeder Mensch, auch jene Zeitgenossen, die sich für Sand halten, mehr, als man bisher weiß.

———

Mein Pferd scheut vor einem harmlosen Fetzen Papier oder vor der daunigen Vogelfeder, die im Winde den Weg entlangrollt, und es möchte durchgehen.

Ich denke an einen Freund, der bald das Leben, bald den Tod scheut, der immerzu ausbrechen möchte …

———

Die kleinen Schritte sind es, mit denen ich, ohne mit meiner Kraft zu wüsten, den Berg doch schließlich besteige.

———

Sünde ist, nicht ausdauernd danach zu forschen, wozu ich lebe. Andere Sünden sind im Verhältnis zu ihr Stümpereien.

———

Die Vertreter einer Anzahl kapitalistisch regierter Länder hielten eine Konferenz mit dem Thema ab: »Die politische Neutralisierung des Mondes«. Das läßt vermuten, daß auf dem Mond mehr zu holen ist, als wir durchschnittlichen Zeitungsleser zu wissen kriegen.

———

Mir träumte letzte Nacht, ich war ein Staubkorn, war ewig ein unsichtbares Staubkorn, und ich geriet in einen Sonnenstrahl und leuchtete auf, und als der Sonnenstrahl weiterwanderte, war ich wieder unsichtbar, aber ich war.

———

Der Regen fällt und mißfällt, aber es ist auch Regen in jeder Blume, die mir gefällt.

———

Jedem meiner verlorenen Tage hockt das, was ich meinen Tod nenne, hinten auf und grinst.

———

Ruhe ist die Kraft, die mir ermöglicht, der Gewalt des Lebens standzuhalten.

———

Auf Gedichte, die mir zugeschickt wurden:

Die Form ist Brecht.
Der Inhalt schlecht.

———

Wer hat mich hingestoßen auf diese Seite des Lebens, auf der ich nun, allen sichtbar, umhergehe und von innen her gezwungen werde, etwas zu tun, was die meisten meiner Zeitgenossen für wenig wichtig halten?

Ich schau mich um, und ich finde: Mein Vater und meine Mutter waren es, die mich auf *diese* Seite des Lebens stießen.

Ich schau meinen Vater und meine Mutter an, und ich finde: Sie ahnten nicht, was sie taten, als sie mich auf *diese* Seite des Lebens stießen. Als sie mich entstehen sahen, taten sie sich zusammen und blieben zusammen für ihr Leben.

Und ich frage weiter: Wer denn benutzte die beiden Alten, damit sie mich auf die Seite des Lebens stießen, auf der ich nun, allen sichtbar, umhergehe und von innen her gezwungen bin, etwas zu tun, was die meisten meiner Zeitgenossen für wenig wichtig halten?

————

Nein, ich geh lieber allein in die Wälder, denn wenn ich jemand überreden muß, mit mir zu kommen, macht der mich für jede Mücke verantwortlich, die ihn unterwegs sticht.

————

Was soll ich tun? frag ich.
Du sollst das Nützliche tun, wird mir geantwortet.
Was ist das Nützliche? frag ich.
Das, was der Gesellschaft nutzt, wird mir geantwortet.
Nein, sag ich, das Nützliche ist das, wozu ich Neigung besitze, aber ich muß es so groß und gründlich tun, daß es die Gesellschaft nötig hat.

————

Alles, was mir meine Sinne von der Welt vermitteln, ist ein Ungefähres. Deshalb verlange ich von einem Kunstwerk, daß es mir mehr von der Welt vermittelt, als meine Sinne es tun.

————

Zu manchen unserer Erfindungen haben wir noch ein Verhältnis wie jener Zauberlehrling im Goethe-Gedicht; nur daß wir nicht auf den *Meister* hoffen dürfen, der uns da hilfreich beispringt. Wir müssen sie selber meistern.

————

Wenn ich mich mit der Sonne, die da bewirkt, daß ich lebe, zu lange einlasse, tötet sie mich.

————

Kein Baumblatt gleicht dem anderen, und kein Mensch gleicht dem anderen, aber auch kein Tag gleicht dem anderen, jeder hat seine Möglichkeit, und der, an dem ich nicht mehr aus und ein weiß und am liebsten sterben würde, ist vielleicht der Tag, an dem ich entdecke, wozu ich hier sein mußte.

––––

Hinter der Hast, auch hinter der Angst, mit der ich zuweilen lebe, steckt meine Phantasie, die ich »rationeller« nutzen könnte, steckte ich sie in die Arbeit, an der ich gerade sitze.

––––

Daß Apparate, die von Menschen erdacht wurden, Unhörbares hörbar und Unsichtbares sichtbar machen, bestreiten wir nicht, aber wir bezweifeln, daß bestimmte Menschen das ohne Apparate können. Eine von unseren Kurzsichtigkeiten!

––––

Täglich geh ich den Waldweg zum See hin, sehe die Pflanzen blühn, sehe sie fruchten, altern und sterben, sehe sie jahrsdrauf wieder erwachen, sehe, wie sie das ohne Furcht tun. Ich bin es, der mit Furcht vor dem morgigen Tag, mit Furcht vor dem Tode an ihnen vorübergeht, ich, der Mensch, der sich wer weiß wie klug wähnt.

––––

Wenn es zwischen mir und meinen Mitmenschen nur das Gasgemisch gäbe, das wir Luft nennen, würde ich ihnen und würden sie mir weder mit Zu- noch mit Abneigung begegnen.

––––

Über eine Blaubeere:
Was stellst du dar, du blauer Tropfen an einem Gewächs, das nicht mehr Gras, aber auch noch nicht Strauch ist? Darf

ich dich als eine Entwicklungsstufe zum Menschen hin betrachten? Kann sein, daß mir eines Tages der Stoff ausgeht,
von dem du die Fülle hast, und ich bücke mich heißhungrig
zu dir und sage: Du hast mir gefehlt.

———

Keiner kann über seinen Schatten springen, heißts, aber
ich versuche es täglich, um mich nicht zu plagiieren.

———

Eine Taube trägt tausend Federn in die Luft und hebt deren Schwerkraft auf, doch wenn die Taube auf dem Fluge
eine Feder verliert, bemächtigt sich das Gesetz der
Schwerkraft dieser Feder.

Ists nicht so, daß die Naturgesetze sich umlauern und
daß aus dem Wechsel ihrer Machtverhältnisse das entsteht, was wir *Mannigfaltigkeit* nennen?

———

Mangelnde Präzision schleicht sich nicht nur in meine Arbeit ein; es gibt auch Kälber mit zwei Köpfen.

———

Gießkanne und Wasserschlauch sind meine kleinen Versuche, mich zum Herrn des Regens zu machen.

———

Die Erfindung des Pfahles machte meine Altvorderen
beim Bau ihrer Behausungen unabhängig vom Standort
eines Baumes.

———

Der Baum ist der Urvater der Zeitung: Ein Vorläufer ritzte eine Warnung für die ihm nachfolgende Horde in die Rinde; vielleicht war das sogar die Geburtsstunde des Humanismus.

_____

Ein anderes Ecce homo!

Das bist du, Erwin Strittmatter, einsachtundsiebzig vergehender Leib zwischen Sohlen und kahler Kopfhaut; wandelnder Sack voll Kartoffelsand aus dem Lande der Lausitzer Sorben. Kriege, Unruh und blanke Lust trieben dich tierhaft auf Erden umher, Sucher, Belaurer, Papierverbraucher, Nestbescheißer von manchen geheißen und ein Irrer von einigen deiner Söhne, gehaßt von der Rotte der Plapperer, meinst du, auf einem Heuboden hockend, lauernd und starrend, vor Einsamkeit heulend, Tage und gute Tinte verkritzelnd, was von hinter den Dingen zu fassen. Wund deine Sohlen jetzt, leer dein kantiger Kopf schon zuweilen, nicht mehr mit Blute versorgt, wie er sollte, nur an die eine Hoffnung geschmiedet: Die da nach deinen Nachkommen kommen, möchten befinden, du wärst nicht ganz umsonst aus den magren Kartoffeln gekrochen.

_____

Welch ein Erfolg,
Würde mein grüner Planet,
Ohne Kriege im Fell,
Seinem Ziele zurolln,
Wenn ich den letzten Satz,
Liegend im Grase, schreib!
Heidelerchengesang,
Seitab ein grasendes Pferd.
Vor noch der Ortolan
Auf meiner Schreibhand singt,
So, als wär sie ein Zweig,

Würde ich schreiben: Es war ...
Weiterschreiben müßt der,
Aber kein Wort zuviel,
Der mich am Dornstrauch entdeckt.

———

Und immer mehr gewahr ich, daß die Schöpfungsge-
schichte der Alten ein Zukunftstraum ist: Der Mensch
macht aus Erde einen Menschen nach seinem Bilde.

———

Auch das hatten die Alten richtig beobachtet: der *Lebens-
schlüssel* – ein anorganisches Gebilde atmen zu machen.

———

Wenn unsere Augen sich so entwickelt hätten, daß wir mit
ihnen über weite Entfernungen und durch feste Körper
und Gegenstände hätten hindurchblicken können, und
wenn unsere Stimme die Tragweite eines Großflächen-
lautsprechers erreicht hätte, so wären unsere Beine küm-
merliche Stumpen.

———

Der Geruchssinn ist dem Menschen *des wissenschaftlichen
Jahrhunderts* eher hinderlich als nützlich, und er wird
wohl auch, je ekler die Gerüche werden, die auf uns an-
stürmen, abstumpfen und verkümmern.

———

»Die Rache ist mein, spricht der Herr«, steht geschrieben,
aber der Dichter darfs nur denken, sonst hat man ihn sogleich beim Wickel.

———

Es gibt kein schlechtes Wetter, wenn ich nicht schlecht bekleidet bin.

————

Alles in der Natur demonstriert mir: Du hast Zeit. Nichts geht zu Ende, nur die Formen wechseln. Ich aber bilde mir ein, nur die Form, in der ich jetzt existiere, sei gültig, und das Leben höre auf, wenn ich die Form wechsele.

————

Wenn die Nacht heraufzieht, weiß ich oft nicht, ob das, was ich tagsüber tat, ein Schritt vorwärts war. Aber ich gebe die Hoffnung nicht auf; denn alsbald fährt ein neuer Morgen überm Walde heran, und übermorgen werde ich wissen, was ich vorgestern nicht wußte.

————

Tod und Verwesung – das Leben baut etwas um, was zu schwach war, Leben sichtbar zu repräsentieren.

————

Meine Leser sollen beim Lesen mitschreiben, nicht vorher!

————

Wie die Lebewesen aus dem All uns auch entgegentreten werden – freundlich oder feindlich –, es wird uns zum Vorteil gereichen. Werden sie kultivierter und freundlicher sein als wir, so werden wir von ihnen lernen; werden sie barbarisch und uns feindlich gesonnen sein, so werden wir uns auf Erden einigen müssen.

————

Immerzu sind die vom Menschen künstlich erzeugten Wellen von Sprache und Musik um mich, doch ich höre sie nur, wenn mein Rundfunkempfänger eingeschaltet ist.

Immerzu sind natürliche Wellen (Anstöße, Einfälle, Erfindungen, Entdeckungen, Erkenntnisse) um mich, aber ich bin nur selten »eingeschaltet«.

———

Das Sehen hat viele Stufen; mit den Augen bewältige ich nur die unterste.

———

Der erste Mensch, der den Wesen auf der Venus Hilfe brachte, war ein deutscher Industrieller. Es handelte sich um eine *Entwicklungshilfe,* und es war eine Kanone. Endlich konnten die Wesen auf der Venus einander rationell umbringen.

———

Teller und Tasse werden zwar von Fingern gefertigt, doch der Grund ihres Daseins ist die Unzulänglichkeit der Finger beim Halten von Flüssigkeiten.

———

Der Tisch auf Beinen wurde, scheints, erfunden, als der Mensch begann, seinen Hausrat mit sich umherzuschleppen. Gleichzeitig verschaffte ihm die Erfindung noch etwas für seine Bequemlichkeit: Er konnte die Beine unter den Tisch stecken.

———

Man kann nicht sagen, daß der Mensch sich leicht in die Luft erhöbe; er tut es schwer und wütend, das Getöse dabei ist höllisch.

———

Mit einer Zelle beginnen wir, aber sie genügt uns bald nicht mehr, und wir bauen uns Zellen um Zellen – ein ganzes Zuchthaus aus Zellen.

Nachher sprengt das Leben dieses Gefängnis, und wir breiten uns aus in der Welt, aber wohl nur, um nach neuen

Möglichkeiten zu suchen, uns wieder Zellen zu bauen. Weiß es wer besser, der belehre, aber schulmeistere mich nicht!

———

Ich werd so ungern von hier weggehen, und ich werde versuchen, es hinauszuschieben, weil ich so viel Zeit vergeudete und nicht tat, was ich hätte tun sollen.

———

Man kann das Leben aus vielerlei Blickwinkeln betrachten: aus dem philosophischen, dem politischen, dem ökonomischen, dem chemischen, dem physikalischen, dem religiösen und so fort, und jeder ist interessant, aber eben nicht umfassend, deshalb mußte ich mein Leben lang achtgeben, daß mich nicht die Vertreter einseitiger Blickwinkel mit sich rissen.

———

Ich muß den Baum mit seinen Wurzeln, die große Stadt mit ihren großen Friedhöfen und die Furcht des Helden schildern, wenn ich mich rühmen will, dialektisch geschildert zu haben.

———

Die Nachregen-Nebel, die in den Wiesen liegen, kommen, wie die Winde, oft von weither. Sie sollen mich von den Fernen grüßen, auf die ich allzu leicht vergesse.

———

Ich will nur noch Rat geben, wenn ich drum gebeten werde, und auch dann noch zögernd. Erfahrungen sind wie eingetragene Anzüge, sie passen einem anderen nur im glücklichsten Falle.

———

Ich ziehe meine Straße, überschreite die Hügel und hoffe, den schneebedeckten Berg zu erreichen, um auf ihm zu ergründen, was mich da hinauftrieb.

————

Eine Volksvertretung kann menschenfreundliche Beschlüsse fassen, aber Dogmatiker, Bürokraten und Karrieristen können sie zu menschenfeindlichen Wirklichkeiten machen.

————

Der Regen rann, und ich rannte und verbarg mich, verbarg mich vor dem Wasser, aus dem ich einst kam.

————

Ein Hoch auf die Fortschritts-Seligkeit, aber es gelingt uns noch nicht, die Arbeit des dünnsten Zweigleins zu übernehmen und aus Mineralien der Erde und der Luft, ohne die Benutzung eines Pflanzensamens, ein grünes Baumblatt herzustellen, das da lebt und funktioniert.
Kommt alles noch – ich weiß, ich weiß!

————

Nichts und niemandem nachlaufen; alles muß auf mich zukommen, wenn ich mich wie ein Mensch verhalte.

————

Einmal am Tage richte ich meine Gedanken auf das, was ich ergründen möchte, auf den Sinn meines Daseins. Dann gehe ich wieder an die Arbeit wie der Maurer, der seine Wasserwaage befragt hat.

————

Manchmal, wenn die Kameraden um mich her wegsterben, weiß ich mir nur diesen Trost: Ich seh uns als Wasserblasen – zum Vergehn bestimmt – manche schillern ein wenig, sind schön, manche überragen uns – sind groß, aber alle kehren zum Grundelement zurück, auf dem ich noch eine Weile umherfahre.

———

Jeder Tote ruft mir zu: Nutze dein Leben!

———

Je eifriger die alten Handwerksmeister die Naturprodukte bearbeiteten, desto edler wurden sie. Manchmal will mir scheinen, das träfe auch für das literarische Kunstwerk zu.

———

Kunstwerke, meine ich, sind Mitteilungen über alltägliche Erfahrungen. Viele Menschen machen die gleichen Erfahrungen, aber bisher können nur einzelne sie wiedergeben oder sichtbar machen. ———

Auf keinen Fall der tätliche Angreifer zu sein – das erscheint mir als ein Fortschritt in der Entwicklungsgeschichte der Menschheit.

———

Meine Zeit auf Erden in Erwartung des Lebens zu verbringen wäre ebenso unsinnig, wie sie in Erwartung des Todes zu verbringen. ———

Auf den diesmaligen Jahreswechsel will ich nicht starren wie auf einen magischen Tag; ich will schon drinstecken in den Veränderungen, die ich mir vornahm!

———

Wenn ich von allen Handlungen, die mir positiv erscheinen, bevor ich sie begehe, auch ihre negativen Seiten ins Kalkül ziehe, dürfte ich später kaum von Disharmonien überrascht werden. Oder?

_____

Von den Wolken, die sich rasch türmen, erhalten wir die reißenden, befruchtenden Gewitter.

Von den Wolken, die behäbig und breit daherfahren, haben wir nichts zu befürchten und zu erwarten, es sei denn, daß sie uns von Zeit zu Zeit das Sonnenlicht und das Mondlicht fernhalten.

_____

Wenn ich mich der Furcht ausliefere, mache ichs jenen Mitmenschen leicht, die Furcht einflößen, um mich beherrschen zu können; vor allem verfehle ich mein Leben, wenn ich mich der Furcht ausliefere.

_____

Dick und denkfaul war er schon immer, mein ehemaliger Freund, aber dann ward ihm Macht verliehen, mit der er gegen alles anging, was nicht dick und denkfaul war.

_____

Das Fenster ist ein zivilisiertes Loch, der Stuhl ein zivilisierter Stein, und der Schrank ist eine zivilisierte Vertiefung im Gefels. Der Teller ist die Nachbildung einer Hand, die Schüssel eine Nachbildung zweier aneinandergehaltener Hände, und auch die Gabel ist eine stilisierte Hand mit gespreizten Fingern. – Es macht mir zuweilen Spaß, die Urform der Dinge zu ergründen, ohne die zu befragen, die von Berufs wegen drüber Bescheid wissen.

_____

Meine schlechte Laune ist ein physiologischer Zustand, und ich irre mich, wenn ich glaube, sie käme von außen auf mich.

————

Die Wahrheit ist lebendig, wenn sich aber Leute ihrer bemächtigen, denen es fremd ist, allumfassend zu denken, versuchen sie, sie mit Kult und Liturgie einzufangen, doch sie läßt sich ebensowenig einfangen wie das Tageslicht.

————

An einem Freund beobachtet:
Nur wer nicht weiß oder nicht zur Kenntnis nimmt, daß er berühmt ist, den kann der Ruhm nicht gefährden.

————

Mit Hast, Eile und Unruhe, die mich zuweilen peitschen, werde ich für meine Unwissenheit bestraft.

————

Noch immer schreibe ich nicht, wie ich schreiben müßte, nämlich so, wie ich in der pflichtenlosen Kindheit lebte.

————

Beim ersten Hinsehn siehts widersinnig aus, und doch ists so: Je älter ich werde, desto gewisser wirds mir: Man muß warten können.

————

Mir scheint, es wird im Geschwindigkeitsrausch mehr gemordet und selbstgemordet als im Alkoholrausch, und verbrecherisch wirds, wenn Geschwindigkeits- und Alkoholrausch zusammenwirken.

————

Begibt man sich heute mit einem Kraftfahrzeug in den Großstadtverkehr, ist die Gefahr, daß man »getroffen« wird, mindestens so groß, wie wenn man in früheren Zeiten in einen Krieg zog.

———

Schon halten wir den Tod eines Vierzigjährigen, der an Herzinfarkt an einem Bürotisch stirbt, für natürlicher als den Tod aus Altersschwäche im Walde.

———

Es bedarf kluger Köpfe, um das Maß der technischen Evolution so festzusetzen, daß sie sich nicht *gegen* den Menschen richtet.

———

Unser Grundcharakter scheint nicht bösartig zu sein. Wir begrüßen und freuen uns mit, wenn Neugeborene erscheinen, um ihr Leben auf unserem Planeten mit uns zu teilen, und wir bedauern und betrauern im allgemeinen, wenn Mitmenschen hinterm Vorhang verschwinden; es sei denn, unser Gemeinwesen führt Krieg gegen ein anderes Gemeinwesen, da verändert sich unser »Grundcharakter« rätselhafterweise, und es mißfällt uns die Geburtenzunahme bei unseren Feinden, und ihre Toten bedenken wir mit Applaus. Was geschieht da mit uns?

———

Es ist gewiß nötig, daß wir die Oberfläche unseres Planeten verändern, damit wir leben können, aber wenn wir dabei einseitig zu Werke gehen, »sorgen« wir für unser Sterben.

———

Eines haben, finde ich, die Politiker leider gemeinsam: Sie tun, als wären sie es, die uns Existenzmöglichkeiten auf diesem Planeten verschaffen. – Belassen wir sie bei dieser

Einbildung, ihr Nachruhm ist in der Regel kurz, aber bestärken wir sie nicht darin!

————

Wir kommen aus dem Wasser, und daß wir noch jetzt ohne Wasser nicht leben können, ist allgemein bekannt.
Wir kommen aber auch aus den Wäldern, und daß wir ohne die Wälder nicht leben können, ignorieren wir häufig.

————

Der Raubvogel sieht aus hundert Metern Höhe den Heuschreck in der Wiese, aber die Federmilbe an seiner Schwanzwurzel sieht er nicht.

————

Es gibt, spür ich, eine große Wahrheit, die in die Ewigkeit reicht, und es gibt Tageswahrheiten, doch ich lebe der großen Wahrheit nicht, wenn ich die Tageswahrheiten ignoriere.

————

Das Rad ist eine bis aufs äußerste reduzierte Kugel, und die Eigenschaft der Kugel, bei Krafteinwirkung Bewegung zu erzeugen, blieb im Rad erhalten. Mir scheint, ich bin beim Schreiben immer noch zu wenig drauf aus, Räder statt Kugeln zu erzeugen.

————

Die Erde liegt ständig auf der Lauer, uns aus den Händen zu reißen, was wir uns zur Lebenserleichterung anfertigten: Ein Knopf fällt dir aus der Hand – die Erde hat ihn an sich gezogen. ————

Ich sehe, daß es falsch ist, die Neugier als eine menschliche Untugend zu bezeichnen: Sie ist eine Kraft, die an der Entwicklung von Kunst, Wissenschaft und der Zivilisation beteiligt ist, sie ist eine Kraft, die uns am Leben erhält.

————

Nachts, wenn ich schlafe, nehmen die Dinge ohne mein Zutun ihren Lauf. Die alte Erde arbeitet. Sie läßt ihren Luftmantel, den ich zum Leben benötige, nicht davonfliegen. Also legt sie Wert auf meine Anwesenheit und auf mein Tun. Sie hält mich mit Luftdruck und Schwerkraft an sich gepreßt und will mich nicht verlieren; nicht einmal meine Gebeine; auch die benötigt sie, um etwas Neues draus zu machen.

————

Ich sehe mich um nach einem Bauplatz für mein neues Haus. Ein neues Haus verjüngt, heißt es, und von anderswo heißt es: Siehst du auch nach innen, siehst du dort die Plätze, auf denen Brennesseln und Graue Melde wuchern?

————

Beim genauen Betrachten der Nähe tun sich mir Fernen auf, und beim genauen Betrachten der Ferne zeigt sich mir Nahes.

————

Um in andere Sonnensysteme vorzudringen, benötigen wir Geschosse, die mit der Geschwindigkeit des Lichts ausgestattet werden müßten. Was also liegt näher, als das Licht als Treibstoff zu benutzen?

Wieder so ein Klugschiß von einem, der eine Ahnung hat!

————

Anfang und *Ende* sind ein Irrtum, mit dem mich meine unzulänglichen Augen unablässig versorgen.

————

Viel Irrtum, viele Mißverständnisse entstehen, weil wir zu zeitig über Dinge reden, die wir noch nicht bis zum Grund durchdacht und durchbeobachtet haben.

———

Zu behaupten, etwas sei nicht da, weil wirs nicht sehn – das reicht vom verlorenen Kragenknopf bis zu den Galaxien.

———

Laß ich meine Gedanken von der Kette des *täglich Notwendigen*, so treiben sie mir Wildbret zu, das mich der Suche nach dem *täglich Notwendigen* enthebt.

———

Nationalismus – darüber werden unsere Nachfahren einmal so verständnislos den Kopf schütteln, wie wir es heute über die Kriege der Stämme und Sippen tun.

———

Früher, als wir entfernt voneinander wohnten, sahen wir uns oft; jetzt sind wir Nachbarn und sehn uns kaum noch.

———

Hinter dem Hochwald und vor den Hütten, die Hammelstall genannt werden, liegt das große Feld, und es ist übersät mit Steinen, die es seit der Eiszeit über- und unterirdisch bevölkern. Jene, die der Pflug dieses Jahr ans Tageslicht brachte, schaun dich verwundert an wie Kinder, die man weckte. Andere, über die Traktor und Mähmaschinen hinweggingen, und jene, die den Maschinen Zähne ausbrachen und sie zum Stolpern brachten, schaun dich dreist an und meinen, das Leben zu kennen. Aber solche, die das Leben wirklich kennen, liegen am Weg, schaun durch dich hindurch und lächeln. ———

Die Plätze, an denen ich ein Stückchen Poesie ergreifen konnte, um es in Worte zu fassen, suche ich gern wieder auf; etwa wie ich in der Jugend die Plätze wieder aufsuchte, an denen ich in Liebe mit einem Mädchen saß.

———

Jeden Morgen rede ich mir ein, daß mir tagsüber ein kleines Wunder begegnen wird, und siehe, es findet sich eines!

———

Jeder neue Morgen flüstert mir meine wirkliche Aufgabe zu, doch nicht immer höre ich ihn, weil meine Launen so laut sind.

———

Der Schneemann war fertig. Es dunkelte. Die Kinder gingen ins Haus. Es wurde Nacht. Die Kinder sahen zum Fenster hinaus: Draußen stand ein Mann mit einer Rute. Die Kinder fürchteten sich vor dem Werk ihrer Hände. – Wie oft geschieht *uns* das!

———

Weg – die Summe menschlicher Fußspuren. Auch beim Bau einer Autobahn, die kein Fußgänger benutzen darf, sind Landmesser, Holzfäller und Planierer mit ihren Fußspuren die ersten.

———

Wir sind große Glücksspieler, die Haubentaucher und ich. Sie tauchen, und ich suche mir (mit den Augen) einen Punkt auf dem See aus, an dem sie auftauchen sollen, und wie bei allen Glücksspielen verliere ich meistens, und doch spiele ich weiter, weil mir ist, als habe das Leben selber seine Absichten mit der Spiellust.

———

Novembertag. In deinem Garten brennt die letzte Rose. Die Krähe schwimmt vom Busch zum Baum. Es fällt ein Blatt, ein Blatt, ein Blatt … Nicht windgezupft; der Nebel drückt sie nieder und fällt mit ihnen sacht und fällt. In deinem Garten brennt die letzte Rose. Ich schau sie an, damit ich sie behalt.

———

Ist in einem Wasserstoff-Atom, das ein Weilchen in einem Menschen gewesen ist, eine Veränderung vorgegangen?

———

Ich saß im Schnellzug, der raste durch die Stationen, und ich konnte die Namen der Stationen nicht lesen und wußte die meiste Zeit nicht, in welcher Gegend zwischen Abfahrtstation und Ankunftstation ich mich befand. Gib acht, mußte ich denken, daß du nicht auch so durch dein Leben fährst!

———

Wie dick der Nebel auch sein mag, wie sehr er mir auch alle Erdendinge verhüllt; Tag und Nacht vermag er mir nicht zu verheimlichen.

———

Ich kann mich von Gras ernähren, wenn ich über eine Kuh verfüge.

———

Der Apfel fällt vom Baum ins Gras. Weiß er, daß die reifen Kerne in ihm zur Erde wollten?

Kenne ich die »Kerne«, die mich drängen, dies zu tun und das zu lassen?

———

Draußen war alles von einer Nebelhaut umhüllt. Ich schickte meine Gedanken aus, doch sie kamen nicht wie sonst mit *Neuigkeiten* aus dem Weltall zurück; es war, als verfehlten sie im Nebel den Rückweg zu meinem Kopfe.

————

Früher bestimmten meine Mitmenschen die Art und den Ort meiner Arbeit. Ich glaube, ich habe nirgendwo versagt, aber ich fühlte mich an diesen Arbeitsplätzen wie der verzauberte Prinz im Märchen. Den Zauber zu sprengen, bedurfte es einer außerordentlichen Kraftleistung: Die Kraftleistung war mein erster Roman, den ich nach meiner Tages-Arbeit hauptsächlich nachts schrieb. Als er fertig war, hatte ich, ohne es zunächst zu wissen, meine ureigentliche Arbeit gefunden und die Verantwortung für mein künftiges Leben selber übernommen.

————

Mitten in der Nacht kam Wind auf und wehte. Manchmal wurde er leiser und fuhr säuselnd ums Dach, dann hörte ich ihn wieder mit kräftigen Stößen in den Bäumen, und die Nacht war voll Gewisper. Ich lauschte, doch ich verstand nichts, ich war in jener Nacht nicht fähig, die Nachricht zu erfassen, die mir die Elemente überbringen wollten.

————

Manchmal, wenn draußen unangenehme Wetter gehn, sitz ich im Haus und erwäg, ob ich hinaus in die Landschaft und in die Wälder reiten soll. Ermann ich mich, so ist nach kurzer Zeit das *Draußen*, sind die Wälder mein Zuhause. Nunmehr würde ich zögern, in eine Sand- oder Eiswüste hineinzureiten. Täte ich es aber, so würde ich auch dort bald zu Hause sein, vorausgesetzt, ich ließe mein Selbstvertrauen nicht in den Wäldern zurück.

————

Aus der Waldwand vor meinem Stubenfenster redet schon morgens eine Birke auf mich ein: Man kann ein Baum sein, Baum unter Bäumen, aber so hell, so leuchtend und so poetisch, daß man einen Maler, wie diesen Lewitan, in sich verliebt macht.

Manchmal am Abend tritt beim Sonnenuntergang eine alte Kiefer dem selbstverliebten Geplauder der Birke entgegen: Deine Einzigartigkeit beziehst du aus dem Umstand, daß du vor einer Wand aus Kiefern stehst. Vor einem Birkenwald würde auch ich mich nicht schlecht ausnehmen, wenn ich, so wie jetzt beim Sonnenuntergang, aufleuchte. Das wußte übrigens ein gewisser Leistikow zu schätzen, auch ein Maler.

———

Mein Garten – ein Stück Erde, das ich mir einschachtelte, aber legte ich auch noch einen Deckel auf diese Schachtel, hätt ich nichts als einen ausgedörrten Schuppen. Wie wichtig doch der Himmel ist, was?

———

In der Jugend schrieb ich Gedichte, um die Mädchen auf mich aufmerksam zu machen. Wie lächerlich muß ich da für die Mädchen gewesen sein, die auf Kraftproben von Beschälern aus waren!

Später schrieb ich, um die Menschen allgemein auf mich aufmerksam zu machen, und ich werde für viele Menschen nicht weniger lächerlich gewesen sein als einst für bestimmte Mädchen, weil längst nicht alle intelligenten Menschen Sinn für die Kunst haben.

Heute liegt mir der Lohn des Schreibens im Schreiben.

———

Um wieder ungehemmt schreiben zu können, sollte ich vielleicht zum naiven Erzählstil der Kinder zurückkehren:

Es war Morgen, und ich ging in den Wald. Ich wollte nichts im Wald, aber ich fand Steine, und ein Stein war ein Faustkeil. Ein Mensch hielt ihn vor vielen tausend Jahren in der Hand, und dieser Mensch hat etwas angefertigt, was heute noch von ihm zeugt, etwas, was mir Gedanken entlockt. Könnts nicht möglich sein, daß wir alle etwas hinterlassen, was die Jahrtausende überdauert, nicht nur Nachkommen, die verschwinden?

———

Abends, wenn ich das Dörfchen für einen Spaziergang verlasse, sehe ich den Weg mit meinen Augen beim Licht, das aus den Hausfenstern fällt. Dann bin ich im Wald, und meine Füße übernehmen das Sehen. Ohne daß meine Gedanken beteiligt sind, regulieren sie meinen Gang und wenden sich wie Schnecken vor ausgestreutem Salz wieder dem festen Gehsteig zu, sobald die Sohlen meiner Schuhe den Mahlsand des Waldwegs berühren.

———

Abends. Besternter Himmel. Ich gehe unter Sternen, sagt der Dichter in mir; doch der Forscher in mir fragt ihn sogleich: Gehst du nicht auch über Sternen? Sind nicht unter deiner Erde ebenso viele Sterne wie über ihr? Da fragt der Seher in mir den Forscher in mir: Woher nimmst du die Vermessenheit, das Oben und Unten des Weltalls zu bestimmen?

———

Manchmal erfühle ich in meiner heimeligen Stube noch den erdnahen Zweig einer Fichte, unter der meine Ahnen während des Unwetters hockten.

———

Vielleicht wird unser Planet einmal so dicht besiedelt sein, daß die Menschen jedes übriggebliebene Waldstück einen Urwald und jedes übriggebliebene Feldstück eine Wüste nennen.

Davor fürcht ich mich. Aber ich erlebs ja nicht. Und die, die dann leben werden, werdens nicht anders kennen. Mein Großvater würde aussteigen wollen, wenn ich mit ihm aus den kargen Wäldern der Lausitz abends im Auto in den prickelnden Lichtkessel Berlin einführe.

―――

Das Uhrgetack, das Uhrgetack
Näht Zeit aus Stille
Nacht und Tag;
Der Mond, der macht zwölf Schritt;
Der Tod tappt mit. ―――

Was gestern richtig war, kann morgen falsch sein, mit dieser Ausrede versucht mein Freund, der Taktierer, die Fehler zu vertuschen, die er gemacht hat.

―――

Niemals außer Dienst, auch beim Spiel mit deinen Kindern nicht; niemals in Langerweile, auch in einer Kerkerzelle nicht; niemals, auch angesichts des Hängestricks, ohne Zuversicht, Künstler! ―――

Ich darf dem Stoff, der sich mir für die Arbeit anbot, keine Ruhe lassen. Oftmals zeigt er nur für einen Augenblick, wer er ist. Er ist wie ein Huhn, das seinen Kopf sogleich wieder unter die Flügel steckt und zu einem Federklumpen wird, wenn mans im Schlaf überrascht.

―――

Ihre Vorstellung vom »Positiven Helden« scheinen einige unserer Politiker aus den Kinostücken der zwanziger Jahre zu beziehen. Damals war der *Kintopp* das Theater des Kleinen Mannes. Später in der Illegalität, in der Emigration und nach der Übernahme des Wiederaufbaus blieb wenig Zeit, sich mit wirklicher Kunst zu beschäftigen. Daher die des öfteren auftretenden Diskrepanzen zwischen den Politikern und den Künstlern, auch mit solchen Künstlern, die, wie manche Politiker, aus der Arbeiterklasse kommen.

———

Dein neuestes Buch ist ausgedruckt. Du schaust es an, überfliegst seinen Inhalt noch einmal – dann stellst du es zu den anderen ins Regal. Du hast eine Haut abgestreift. Ab und zu hörst du, daß sie da und dort gefunden wurde, Interesse erregte oder Abscheu verursachte. Du kannst dich darüber nicht aufhalten; denn du bist soeben dabei, schon wieder eine Haut abzustreifen. ———

Neben allen Wundern, die uns die Physiker von der Kraft des Atoms berichten, erscheint mir auch das eines: Jeder Großvater kann mit seinem Taschenmesser Atome voneinander trennen. ———

Konzentration – also Aufmerksamkeit ist ein *Fach*, das an unseren Schulen zensiert wird, doch während in anderen Fächern, wie Schreiben und Lesen, geübt wird, um einen (wenn zuweilen auch niederen) Grad von Vollkommenheit darin zu erreichen, wird die Konzentration wie etwas *Gottgegebenes*, wie ein Talent behandelt.

———

Ein Berg, der durch die Verschiebung der Erdrinde entstand, hat seine eigene Gesetzlichkeit. Ich kann nicht auf ihn hinauf rennen, ich muß ihn besteigen. Mein Auto kann ihn, wenn er nicht zu gewaltig ist, nur mit hohen Tourenzahlen seines Motors nehmen. Selbst wenn wir ihn im Flugzeug überfliegen, müssen wir den Luftströmungen Rechnung tragen, die sein Vorhandensein bestimmt. Kein vernünftiger Mensch ignoriert die Eigengesetzlichkeit eines Berges, aber die Eigengesetzlichkeit eines menschlichen Talents will die Mehrzahl der Mitmenschen nicht zur Kenntnis nehmen.

––––

Besser ist anregen als sich anregen lassen.

––––

Manchmal, wenn ich meine Tauben aus dem Schlag laß, schau ich zu, wie sie in Spiralen höher und höher in die Luft steigen, bis ich sie nicht mehr sehe.

Gut, ich sehe meine Tauben nicht mehr, ich weiß aber von ihnen. Da bin ich ein Realist.

Dann sag ich zu meinem Sohn: Stell dich an meinen Platz! Es sind Tauben in der Luft.

Er sagt: Ich seh keine Tauben, ich sehe nichts. Ich sage: Glaub mir, es sind Tauben in der Luft. Sie werden erscheinen!

Da bin ich ein Okkultist.

––––

Wissenschaft, Forschen und Entdecken gehören für mich so zusammen, daß ich niemals verstehen werde, wieso sich Leute Wissenschaftler nennen dürfen, die fleißig Bücher lesen, gar nur Auszüge aus Büchern lesen und dann ein Buch schreiben, in dem sie nachweisen, daß andere (nicht sie) etwas entdeckten.

––––

Glücklich bin ich, wenn ich die schönen Augenblicke meines Lebens erkenne, solange ich noch drin steck, wenn ich nicht auf Vergleiche oder Erinnerungen angewiesen bin.

————

Einer meiner geheimen Wünsche: so zu leben und zu schaffen, daß die geistigen Erben, wenn sie die Schubfächer meines Schreibtisches durchwühlen, nicht sagen müssen: Er hat alles zu Lebzeiten ausgegeben.

————

Der Regen geht, und die Nacht ist undurchsichtig, aber nur für die Bewohner eines Landstrichs.

Die Stunden rinnen trübe, nirgendwo Trost, aber nur für mich.

Dahinter steht das Leben und erwartet, daß ich in jeder seiner Stunden was anzufangen weiß, wie ich es in meiner Kindheit wußte.

————

Mein Kind, wenn dich die bösen Buben locken, so folge ihnen, um zu ergründen, was sie böse machte.

————

Verwickelte Verhältnisse, unwichtige Arbeiten und Nichtigkeiten stellen sich mir täglich, ja stündlich in den Weg und suchen mich von meiner eigentlichen Arbeit abzuhalten, und ich kämpfe mit ihnen zuweilen wie mit unverletzlichen Kobolden.

————

Weder die Pessimisten noch die Scheiß-Optimisten sind meine Freunde; beiden Kategorien von Mitmenschen fehlt etwas von der Qualität, die die Vorherrschaft des Menschen auf der Erde begründet.

————

Wer verfaulte Milch ißt, wendet sich mit Ekel von dem ab, der faule Eier bevorzugt. ____

Sobald die Wiesen aufhören, meine Augen durch die Schönheit ihrer Gräser und die Buntheit ihrer Blumen zu bezaubern, bezeichne ich sie als grau und tot, und das kommt, weil ich nur die obere Hälfte der Pflanzen »im Auge« habe. ____

Der Weg lockt weg,
Gehäuseglück
Lockt mich zurück.
Niemals ans Ziel –
Des Lebens Spiel. ____

Wenn du mich und meinesgleichen nicht hättest, sagte ich zu meinem Freunde, dem Regierer, so hättest du nichts zu regieren. Außerdem lassen wir uns von dir nur gern regieren, wenn uns einleuchtet, was du von uns verlangst. Freilich hast du deinen Knüppel, aber nicht für ewig und drei Tage. ____

Mit großer Selbstverständlichkeit verfüge ich über meine Beine; ich betrachte sie kaum, aber kürzlich, als ich mir eines brach, fing es ein Gespräch mit mir an, ein vorwurfsvolles Gespräch über Wochen, in Form von Schmerzen.

____

Ohne die Erfindung der Schrift wäre der Erfinder der Dampfmaschine so unbekannt geblieben wie der Erfinder des Lattenzauns. Der Erfinder der Schrift verschaffte uns ein Gran Ewigkeit. ____

»Wir erobern den Weltraum«, les ich in unseren Zeitungen. Das Wort *erobern* klingt mir verdächtig.

———

Die schwärmenden Bienen schwirren durch die Luft, doch sobald sich der Weisel auf einem Baum niederläßt, entsteht dort ein Klumpen aus Bienen. Wer kennt den Weisel, der Atomklumpen verursacht, die wir Stein, Baum, Pferd oder Mensch nennen?

———

Früher war der Mond ein friedliches Requisit in den Gesängen der Dichter. Jetzt ist er gefährliches Requisit in den Reden der Politiker.

———

Die Männer der Wissenschaft sollen sich ihrer Erfolge freun, und ich freue mich mit ihnen, doch ich kann mich nicht entschließen, auch solche Wissenschaftler zu loben, die nur den Ruhm, der ihnen aus ihrer Arbeit erwächst, nicht aber das umfassende Leben und das Weltganze im Auge haben.

———

Überall Kreisläufe: Ein Mann geht über die Straße – das kann der Anfang, kann aber auch das Ende einer Geschichte sein.

———

Ein Mensch tritt bei mir ein, und nach einer Weile bemerke ich, wie sich die Luft meines Zimmers mit seiner Anwesenheit lädt.

Ein anderer Mensch tritt bei mir ein, und nach einer Weile bemerke ich, daß er nicht mehr Raum einnimmt als ein Ding in meiner Stube.

———

Wie alt bist du? fragen wir einander. Sollten wir nicht fragen: Bist du unterwegs?

————

Lautlos fließt das Wasser dahin, doch wo ihm ein großer Stein in den Weg tritt, äußert es sich hörbar.

Lautlos zieht die Luft dahin, doch wo sich ihr ein Baum entgegenstellt, äußert sie sich hörbar.

Nur mir nimmt man jede laute Äußerung übel, wenn mir jemand meinen Weg verstellt.

————

Suggestion gehört für die meisten Materialisten noch in den Bereich der Metaphysik, doch die kältesten Politiker und die berechnendsten Geschäftsleute bedienen sich ihrer.

————

Ich kann schleichen, aber alle meine sonstigen Fortbewegungsarten sind mit Geräusch verbunden, je schneller sie sind, desto geräuschvoller – vom Klang meiner Schritte bis zum Überlärm des Düsenflugzeugs. Also ists mein Geschwindigkeitshang, der mich in meiner Umgebung von Jahr zu Jahr mit mehr Gelärm zerrüttet.

————

Manche Pflanzen bilden Faserwürzelchen, die so fein sind, daß sie mein Auge nicht wahrnimmt. Mit diesen Faserwürzelchen ertasten die Pflanzen die leisesten Spuren von Mineralien, um sie ihren Blüten und Früchten zuzuführen. Gibts nicht auch Menschen, die sich solcher »Faserwürzelchen« bedienen?

————

Die Igel, die den Hasen matt setzten, waren zu zweit. Die Wesen, die mich zuweilen matt setzen, sind alleinig, aber haben zwei Zungen.

————

Als sich der erste Mensch in die Lüfte erhob, hielten wir das für ein Spiel, für die Befriedigung einer Lust, für die Erfüllung eines poetischen Traums, aber noch sind nicht hundert Jahre vergangen, und wir fangen an einzusehn, daß das Umherfliegen von Menschen eine Vorbereitung auf die Zeit ist, da die Erde nur mehr ungenügende Lebensmöglichkeiten hergeben wird.

Aber wird damit unser gepriesener »freier Wille« nicht in Frage gestellt?

———

Dort ruht der Stein
In seinem Sein.
Hier eifre ich
In meinem Mein.

———

Was für ein häßliches Denkmal dort auf der Allee? Es ist das Denkmal des Mannes, der der Kunst einen neuen Sinn geben wollte; seine Jünger setzten es ihm.

———

Manchmal ist mir, als schriebe ich und ließe das Geschriebene hinausgehen, damit jemand, der im Sommerland lebt, von mir weiß, wenn ich eingewintert bin.

———

Ich kann meinen Standort, auch den geistigen, ständig wechseln, wenn ich meine Lunge richtig gebrauche; die Luft, die ich einatme, ist weit gereist.

———

Im Streckverband:
Ein Wunder, dem ich kaum Beachtung schenkte: Ein Knochen, den ich heil aus dem Mutterleibe mitbrachte,

zerbrach nach Jahren und wächst nun, sofern ich Ruhe und Geduld aufbringe, wieder zusammen.

————

Im Krankenbett bin ich durch einen Fingerdruck auf einen Knopf mit Ereignissen in aller Welt verbunden. Die Wissenschaft macht Märchen zu Wirklichkeiten; aber alles dem Menschen Mögliche ist schon in seinen Märchen enthalten.

————

Die Tage werden kürzer; die Tage werden länger. Ich weiß, daß das Fiktionen sind. Ich lebe mit Fiktionen, obwohl ich die Wahrheit weiß.

————

Gehts dir um Diamanten, dann schwing dich in ein Flugzeug, stell ein Elektronengerät ein und spür den Magnetismus von Kimberlit auf. (Kimberlit ist das Muttergestein von Diamanten.) Arbeite den Diamanten aus dem Kimberlit heraus und schleife ihn!

Gehts dir um Kunstwerke, dann schwing dich ins Flugzeug der Phantasie und beschau deinen Stoff aus der Höhe! Visier das dir gemäße Motiv an, schneid es aus der Stoff-Fülle und schleif es, bis es glitzt und glänzt!

————

Für mich gibts eine landläufige und eine edle Neugier, deshalb befrage ich jedes Lebens-Ereignis, das meine Aufmerksamkeit allzusehr absorbieren möchte: Wer ist deine Mutter? Ist es die landläufige Neugier? Alsdann sind wir alte Bekannte.

Damit stelle ich mir am raschesten wieder fruchtbare Gelassenheit her.

————

Unablässig passieren meinen Körper Funk- und Fernseh-
wellen, mit denen ich nichts anfangen kann. Das glaubt
man mir. Sobald ich jedoch sage, daß mich auch Wellen erreichen, mit denen ich etwas anfangen kann, werde ich
belächelt.

———

Du solltest mal auf eine weite Reise gehn, sagten mir
Freunde, die mich zornig und zerfahren vorfanden, eine
weite Reise, sie wird dich beruhigen!

Und ich ging auf eine weite Reise und fuhr bis unter
den Kasbek und wartete auf die Beruhigung und entdeckte, daß ich meinen Jähzorn, meine Eifersucht, mein
flatteriges Herz und vor allem mein ewig forderndes Ich
mitgenommen hatte, und es ging mir auf, daß ich hätte
erst eine nahe Reise nach innen machen müssen.

———

Der Specht befragt die Bäume;
Die hohlen sprechen laut.

———

Mein Barbier rasiert mich noch immer aus Traditions-
oder Berufs-Stolz mit einem verkleinerten Degen, obwohl
es längst Apparate zum Rasieren gibt. Wären die Zahn-
ärzte vom gleichen Stolz besessen, würden sie uns die
Zähne, wie es einst die Bader taten, mit dem Schuhknöp-
fer ziehen.

———

Solange ich frage und nach Antworten suche, lebe ich, so
alt ich auch sein mag.

———

Meine Wünsche ans Leben werden zuweilen zu Wanzen.
Ich werde ruhiger, wenn ich den größten Teil von Zeit zu
Zeit ausbeize. Dann bleiben: ein wenig Essen und Trin-

ken, ausreichend Schlaf, die liebende Kameradin und das Schreiben. Von diesen fünf Säulen meines Lebens scheint mir keine für die Dauer entbehrlich zu sein.

In manchen Zeitungen und Zeitschriften finde ich wenig Geschriebenes, aber viel Geschrobenes; wenig Gedichte, aber viel Gedachte.

Weizen und Roggen wachsen und vermehren sich nur auf gepflegten Feldern, aber die Unkräuter wachsen und vermehren sich allüberall. Was, wenn man den Wuchsdrang der Unkräuter auf die Kulturpflanzen übertragen könnte! Aber zu diesem Ziel müßten wir wohl an die Quelle des Lebens, an die Stelle, an der unsere Selbstvergottung zuschanden wurde.

Wenn ich etwas aufschreibe, löse ich es aus einem Gewebe von Gedanken und Umständen; dabei ist wichtig, daß ich einige lose Fäden aus dem ausgelösten Gewebe herausstehen lasse, um den Leser zu verlocken, mit seinen Gedanken und auf seine Weise mitzuweben.

Zum Absturz von Komarow:
   Alles konnte der Apparat – einen Menschen in großen Höhen um die Erde tragen und wer weiß wie viele hundert Messungen und Steuerungen ausführen, aber als sich die Leinen des Fallschirms verfitzten, konnte er sie nicht entwirren.
   Man hatte an das Möglich-Komplizierte, aber nicht an das Einfach-Mögliche gedacht.

Zum amerikanischen Mondversuch:

Der Apparat flog auf den Mond, landete und grub ein fünfzehn Zentimeter tiefes Loch in die Mondoberfläche. Nun sind viele Apparate dabei, festzustellen, von welcher Konsistenz die Mond-Erde (eigentlich: der Mond-Mond) ist. Viele, viele Apparate und Berechnungen sind nötig, um das von der Wissenschaft geschmähte Gefühl einer menschlichen Hand zu »konstruieren«, und der Erfolg ist unsicher.

————

Eine Stunde still unter einem Baum. Welche Täuschung! Das Gras wächst unter meinen Füßen, die Erde verwandelt sich, und jeder Atemzug läßt mich Bekanntschaft mit Lüften machen, die zuvor nicht in mir waren.

————

Da der Stein seine Form langsamer verwandelt als wir die unsere, überreden ihn die Bildhauer, den nach uns Geborenen zu übermitteln, daß wir dagewesen sind.

————

Die Erde in den Blumentöpfen auf unseren Fensterbrettern in der Großstadt gleicht dem Beutelchen Heimaterde, das die Auswanderer einst bei sich trugen.

————

Für meinen kranken Fuß hat die Welt mehr Stolpersteine als für den gesunden. Allso ists auch mit meiner kranken Laune.

————

Unorganisiertes Trommeln empfinde ich als Radau; organisiertes Trommeln empfinde ich als Musik.

————

Jeden Morgen muß ich mich durch einen Wust unwichtiger Angelegenheiten arbeiten, um zu jenen Angelegenheiten zu gelangen, die unaufdringlich warten, aber wesentlich für mich sind.

––––

Lieber will ich eine halbe Stunde still dasitzen als etwas tun, was mir wichtigtuerisch weismachen will, ich hätte keine Muße verdient, ehe ich ihm nicht willfuhr.

––––

Der Frühlingsfrost ruft Abwehr in den Pflanzen auf, aber der Herbstfrost tötet sie.

Die Bitterkeit in meiner Jugend führte zu Erkenntnissen; die Bitterkeit meines Alters führt zum Tode.

––––

Stunden so zu verleben, als ob sie Tage, und Tage so zu verleben, als ob sie Wochen wären – das halte ich für Lebenskunst.

––––

Meine empirische Analyse des Vorgangs, den ich *Leben* nenne, endet an einer Begriffsmauer, die ich *Reize* nenne. Zu erkunden, was sich hinter der Mauer befindet, reicht mein Verstand nicht aus.

––––

Nach dem, was ich an Lurchen und Fischen beobachte, scheint mir das tierische Leben nicht sogleich aus dem Wasser auf die Erde, sondern erst in die Erde gegangen zu sein. Oder?

––––

Viele unserer Gebrauchsgegenstände verraten, daß wir aus den Wäldern kommen: Der Vater des Pfeilers, der Röhre, des Garderobenhakens, des Ozeanschiffes, des Turms und anderer Dinge ist der Baumstamm.

——

Unser Verlangen, mehr und weiter zu sehn als von der flachen Erde aus, befriedigte zuerst der Berg, jetzt sinds die Satelliten, aber wir scheinen auch mit deren Leistung nicht zufrieden zu sein. Ob in dieser Richtung ein Ende ist?

——

Als mir in der Kinderzeit der Wind meinen kleinen Strohhut in den Dorfteich wehte, warf ich Steine hinter den Hut, und die Wellen, die die Steine verursachten, trieben den Hut zu mir ans Ufer.

Ähnlich zutreibende Kräfte scheinen meine ausdauerndsten Gedanken auszulösen.

——

Es wäre mir lieb, wenns mir gelänge, immer ein anderer zu sein als der, für den andere mich halten.

——

Wenn ich mich einer Interessengemeinschaft anschließe, habe ich nicht nur Sorge zu tragen, daß diese Gemeinschaft ihre Interessen durchsetzt, sondern ich hab auch dafür zu sorgen, daß diese Gemeinschaft nicht zur Sekte erstarrt.

——

Die Sonne geht nicht auf,
Auch unter geht sie nicht.
Die Erde steht nicht fest.
Der Mond ist ohne Licht.

Das ist so,
Und ich weiß es,
Und dennoch sag ichs nicht.

———

Wieviel Schindluder wird mit dem Begriff *Freiheit* getrieben! Und das hält an. Wahr aber blieb durch alle Zeiten, daß ich am freiesten bin, wenn ich wenig wünsche, aber der Gesellschaft viel gebe.

———

Als ich älter wurde, wich mein Spott einem wehmütig-nachsichtigen Lächeln.

———

Die Beobachtung, daß das Himmelswasser auf planen Flächen verweilte, von den Bergen aber herabrann, brachte unsere Urväter drauf, die Dächer ihrer Behausungen schräg anzulegen. Zur Zeit scheint die Mode diese Erfahrung unserer Altvorderen außer Kraft gesetzt zu haben.

———

Je mehr wir die mechanischen Möglichkeiten vervollkommnen, um zum Beispiel ein Stück Kohle aufzuschließen, desto mehr Energie entreißen wir diesem Kohlestück.

Ein ähnliches Gesetz scheint mir im Geistigen zu herrschen: Je mehr ich die Aufmerksamkeit steigere, mit der ich ein Ding betrachte, desto mehr gibts für die Klärung von Zusammenhängen her.

———

Die scheinbar tote Erde belebt sich, wenn das Licht der Sonne sie in einem günstigen Strahlungswinkel trifft.

Vielleicht entsteht auch, wenn das Licht eines bestimmten Sterns im günstigen Winkel auf die Erde trifft, die ich einst sein werde, wieder ein Ich.

———

Aus dem Blickwinkel des Chemikers ist das Leben ein chemischer Prozeß, aber auch der versessenste Chemiker wünscht, eine Persönlichkeit zu sein, und das Leben würde ihn nicht freuen, wenn er sich nur als ein Molekül dieses chemischen Prozesses betrachten dürfte.

Also ist das Leben auch etwas anderes und mehr als ein chemischer Prozeß, und ich leide an einer Gleichgewichtsstörung, wenn ich die Wissenschaft anbete.

———

Selbst, wenn ich nur etwas vom Charakter meiner Mutter und etwas vom Charakter meines Vaters hätte, wäre mein Charakter anders als der der beiden Alten. Nun sind aber auch die Charaktereigenschaften ganzer Heerscharen von Müttern und Vätern in mir wirksam, die ihren Groschen zur Summe beisteuerten, die mein Charakter ist. Sagt man mir da nicht Grobheiten, wenns heißt: Der ganze Vater; die ganze Mutter!

———

Als unser Onkel Vorfahr es notwendig fand, das Fassungsvermögen seiner aneinandergelegten hohlen Hände zu vergrößern, wars, daß er die Schüssel erfand.

———

Die Kirchenväter bedienten sich der Künste und ließen zum Beispiel in der Literatur und in der Bildenden Kunst nur die Personnage und die Themen zu, die ihre Anliegen begünstigten. Ists richtig, wenn sich auch unsere *Atheistenväter* so verhalten?

———

Eine Spinne webte am Sonnabendmorgen ihr Netz in der Badewanne, und ich war der »Gott«, der wußte, daß ihre Nahrungsfalle und ihre Behausung am Sonnabend-Abend durch eine Flutkatastrophe zerstört werden würden.

———

Ich saß im Walde, und nach einiger Zeit kroch ein Käfer um meinen Fuß und verrichtete seine Arbeit.

Für das kurze Leben des Käfers war mein Fuß ein Fels-plateau, auf das er bei seiner Arbeit im Gras gestoßen war, und er hielt das Plateau für verläßlich und für etwas Ewi-ges. Nach einem Monat Käferzeit aber bewegte sich das Plateau und begrub den Käfer.

———

Als ich ein Kleinkind war, waren die Tiere meine Brüder, und ihre Stummheit war keine Verständigungsgrenze zwi-schen uns, denn ich verständigte mich mit anderen Klein-kindern ohne Worte.

Als mein Bewußtsein wuchs, wuchs die Ferne zwischen mir und den Tieren, doch als ich älter wurde und die Überheblichkeit überwand, mit der mich mein Bewußt-sein von meinem Ich geschlagen hatte, fand ich die Wur-zeln wieder, die mich mit den Tieren verbinden.

———

»Voller Bauch studiert nicht gern«, sagt der Volksmund. Eine uralte Erfahrung: Als er gegessen hatte, der Urmensch, sah er sich nicht veranlaßt, darüber nachzudenken, wie seine nächste Mahlzeit aussehen und wo sie herkommen würde.

———

Die Leiter – eine transportable Stilisierung eines voll-ästi-gen Baumes.

———

Ich muß täglich einen Punkt finden, an dem mich die von meiner Umgebung täglich angefertigten Erschütterungen wenigstens für eine Weile nicht erreichen.

———

Von Jahr zu Jahr werden die Flugzeuge größer: fünfhundert Passagiere, die Einwohner eines ganzen Dorfes, zusammen in der Luft.

Aber zehn Stare sind in der Lage, die Einwohner eines Dorfes auf einen Sitz umzubringen.

Ist die Zeit nicht mehr fern, da man die Zugvögel vernichten wird wie Ungeziefer, damit der Mensch seinen ungestörten Flug habe?

———

Noch toben Klassenkämpfe auf unserem Planeten, und wir sind bereits auf Verbindungen mit Lebewesen auf fernen Sternen aus. Würden die Lebewesen, die wir, so wie wir zur Zeit sind, auf anderen Sternen entdeckten, uns gesellschaftlich und geistig überlegen sein, so wüßten wir nichts mit ihrem »Fortschritt« anzufangen; die Kapitalisten hätten nicht Lust, sich kolonisieren, die Sozialisten nicht Lust, sich belehren zu lassen.

———

Die Bienen befruchten mancherlei Blüten, doch die Wirtschaftswissenschaftler sind nicht in der Lage, den ökonomischen Nutzen, den die Bienen stiften, zu errechnen. Trotzdem befruchten die Bienen weiter.

Und auch die Künstler schaffen trotzdem weiter.

———

Frühlingsanfang. Es liegt dicker Schnee. Ostwind heult. Ist der Frühling in den Blattspitzen der treibenden Schwertlilien, im hellen Gurren der Tauben, im eindringlichen Schilpen der Spatzen, in meiner Hoffnung oder im Termin der Kalendermacher?

———

An unserer Hofmauer lag Lehmsand. Der Lehmsand reizte die Samen der Taubnessel, sich auf ihm zu entfalten. Die Taubnesseln blühten im frühen Frühling; ihre Blüten zogen Bienen und Hummeln an. Das Gesumm der Bienen und Hummeln wurde für mich zur Musik einer fernen Orgel. Ich schrieb das auf. Das Aufgeschriebene entstand aus dem Lehmsand an unserer Hofmauer.

———

Das Besteigen hoher Berge und das Fliegen sind empirische Versuche, meinen ewigen Drang zu stillen, die Welt im Zusammenhang zu sehen.

———

Den Menschen zu erfreuen, ist ein unbeabsichtigtes Nebenprodukt der blühenden Pflanze auf dem Wege zu ihrer Selbstverwirklichung.

Mir erscheint sicher, daß auch Kunst, die uns wirklich anrührt, absichtslos bei der Selbstverwirklichung des Künstlers entstand.

———

Der Adler steigt hungrig, die Lerche steigt lebenslustig in die Höhe. Der Adler späht, die Lerche singt. Beide greifen ins Leben auf Erden ein: der Adler direkt, die Lerche indirekt.

———

Für mich wars ein Fortschritt, als ich erkannte, daß *der* Fortschritt, von dem wir immerfort reden, Grenzen hat.

———

Warte nur, warte,
Der Wind wird sich drehn,
Alle, die heute vorübergehn,
Werden vor deiner Türe stehn.
Wirst du der Mann sein,
Sie nicht zu sehn?

––––

Es gibt Lebewesen, deren Straßen sich mit den unseren nur zufällig berühren; das sind die Straßen der Tiere unter der Erde, im Wasser, in den Baumwipfeln und in der Luft. Und in der Tat ist das Leben dieser Tiere noch am wenigsten erforscht. Sie geben den Zoologen immer wieder Rätsel auf.

––––

Es wird davon geredet, daß der Haß, der Neid, die Kriminalität, die Eifersucht, auch andere Untugenden bei fortschreitender Entwicklung der Menschheit verschwinden werden. Ich kann mir das nicht vorstellen. Gesetzt den Fall, die Verbindung des Erdenmenschen zu Wesen auf anderen Sternen würde eines Tages statthaben, und die möglicherweise körperlich anders als wir organisierten Sternenwesen würden unseren Mund, jenen viel bedichteten und besungenen Menschenmund, für eine primitive Körperöffnung oder für eine Schnittwunde mit ewig verletzlichen roten Rändern halten, würde das in uns Sympathie für jene Sternenwesen aufglühen lassen?

––––

»Sie verdienen Ihr Geld ja im Schlafe«, sagte der Neider.
»Ja, während Sie schlafen«, sagte der Dichter.

––––

Ein Merkmal des *Spießers* ist, daß er nie an seiner Zuläng-
lichkeit zweifelt. Er hätte jede große Erfindung machen,
jeden Einfall haben können. »Wenn ich nur Zeit gehabt
hätte, aber hatte ich Zeit?« verlautbart er am Biertisch.

———

Und daß er, was ihm seine unzulänglichen Sinne von der
Welt vermitteln, für bar nimmt, macht den Durchschnitts-
menschen aus.

———

Ich kann eine gerade Linie aus Punkten herstellen und
beim Herstellen jedes Punktes achtgeben, daß die Linie
gerade werde; ich kann die gerade Linie aber auch mit
einer einzigen Bewegung einer ruhigen Hand herstellen.
 Nach der ersten Methode arbeiten die Wissenschaftler;
nach der zweiten die Künstler.

———

Es war früher nicht ungewöhnlich, wenn sich einer die
Schuhe selber besohlte, und die alten Bauern verstanden
sich auf die Grundgriffe von mindestens zehn Handwer-
ken. Heute wirds schon ungewöhnlich, wenn sich einer
ein Lied selber singt; er läßt es von Apparaten besorgen,
und man spricht verächtlich vom »Selbstdenker«, weil
Dummköpfe meinen, das Denken dürfe nur noch von In-
stanzen »durchgeführt« werden.

———

Niemand trägt mir eine Arbeit auf. Ich könnte sitzen und
Stille und Bewegungslosigkeit genießen, aber ich habe den
drakonischsten aller Arbeitgeber in mir; er verfolgt mich
mit seinen Aufträgen bis in den Schlaf.

———

Das Wasser rinnt,
Rinnt auch durch mich
Wie Luft und Licht.
Ich weiß es;
Doch bedenk es nicht.

————

Wenn ich aus einem Lebenstag keine Erkenntnis holte, habe ich ihn nicht erlebt, sondern verbracht.

————

Die Nachtigall singt, und der Sperling singt, doch ich habe noch niemanden hingebungsvoll dem Sperlingsgesang lauschen gesehn.

»Kunstverbraucher« verhalten sich allerdings häufig umgekehrt.

————

Meine Füße sind meine *Erdleitung*, mein Kopf ist meine *Antenne*. Haben die Techniker dieses Prinzip unbewußt oder bewußt übernommen?

————

Manchen Versammlungseinberufern gelingts rascher, hundert Mitmenschen als ihre Gedanken zu versammeln.

————

Der Neuntöter benutzt den Elektrodraht der Überlandleitung, um von ihm aus auf Beute zu lauern. Der Bussard wartet an der Autobahn auf Beute, die ihm die Autos machen sollen. Die Amsel sitzt im Winter in der Stadtstraße neben der Neon-Leuchtschrift, um sich zu wärmen. Es werden durch die Technik, sehe ich, Tiere nicht nur ausgerottet.

————

Welches sind die *Reize*, die den Vogel veranlassen, sein gefundenes Futter zu einer bestimmten Zeit nicht selber zu fressen, sondern es seinen Jungen zu bringen? Die Wissenschaftler sprechen von *Trieb*. Was ist damit erklärt? Sind es die Laute, mit denen Kreaturen (die Vogeljungen) ihren Hunger kundtun, jene Laute, die auch im Menschen Gefühle und Handlungen der Solidarität aufrufen?

———

Und nochmals die Versammlungseinberufer: Manche, finde ich, haben es ähnlich schwer wie Verkäufer, die Leuten Waren aufreden sollen, nach denen kein echtes Bedürfnis besteht. ———

Die Schlange hebt den Kopf nur, wenn sie nach Feinden oder Opfern ausspäht, ansonsten kriecht sie. Es gibt auch Schlangenmenschen; solche und solche.

———

Durch eine bestimmte Anordnung von Zellen entstehen Lebewesen, die Bewußtsein entwickeln. Wir wissen das, aber die Formel für diese Zellen-Anordnung kennen wir nicht. Kennten wir sie, o Gott, welcher Staat würde da wohl zuerst Lebewesen entwickeln, die mit durch und durch kriegerischem Bewußtsein ausgestattet wären!

———

Die Dinge verbrennen, die Dinge verfaulen; sie lösen sich in ihre Grundeinheiten auf, entschwinden meinem Gesichtskreis, bleiben aber im *Dunstkreis* meines Planeten, jederzeit bereit, Verbindungen für neue Dinge einzugehen und mir als neue Massierungen wieder sichtbar zu werden. ———

Fertige Musik umschwebt mich; eine Station in der Hauptstadt hat sie der Luft beigegeben, die mich umgibt; durch einen Fingerdruck auf den Schaltknopf eines kleinen Apparates mache ich sie mir hörbar. Der Komponist, der die Musik in Notenschrift setzte, hörte sie ohne Apparat. Wer oder was strahlte sie ihm ein?

————

Zum Tode eines Freundes:

In den Augenblicken, da einer, mit dem man viel gelacht hat, mit dem man sich im Leben verbunden fühlte, vor unseren Augen stirbt und zu einem anderen *Dasein* überwechselt, hegt man metaphysische Erwartungen, lauert auf ein Zeichen, auf einen Wink des *Vorgängers*, auf eine Warnung oder auf eine Einladung.

————

Jeder Morgen ist anders, und sei es nur die Rebenranke, die über Nacht wuchs und diesen Morgen in meinem Fenster sichtbar wurde; und ist der Zwergginster, der gestern noch verknospet war, nicht heute erblüht? Tausende Dinge sind heute morgen anders, als sie gestern morgen waren, auch ich bin ein anderer.

————

»Ähnlichkeiten mit lebenden Personen sind zufällig«, heißts im Vorsatz zu manchen Romanen, und über einem jeden meiner Morgen könnte als Motto stehen: Ähnlichkeiten des heutigen Tages mit dem gestrigen zeugen von der Unzulänglichkeit des Betrachters.

————

Wer sich hinter dem Geräusch seiner Worte zu verbergen versucht, hat die Stille zu fürchten.

————

Weisheit bei einem Manne namens Krause zu entdecken macht uns Mühe. Weniger mühevoll erscheints uns, Weisheit bei Herrn Esaurk zu finden, obwohl es der »umgedrehte« Krause ist. Deshalb so manches Pseudonym bei Künstlern. Es steckt Magie in den Namen.

Die Regierung ließ Karl-Marx-Gedenkmünzen prägen. Schon nach wenigen Monaten konnte man in der »Berliner Zeitung« lesen: Verkaufe 20-Mark-Karl-Marx-Gedenkmünzen für 250,– Mark.

Auf andere Art das *Kapital* von Marx.

Man kann allüberall die Wahrheit sagen, wenn mans richtig anpackt, und denen, die einem anempfehlen, die Unwahrheit zu sagen, muß man sich verweigern.

Das ist es, was man sich als Mensch schuldig ist.

Wenn ich mir selber treu bleib, brauche ich mich um meine Feinde nicht zu kümmern. Sie werden abfallen wie vollgesogene Zecken.

Ein toter Dichter ist manchen Politikern lieber als ein lebender.

Wie oft, wenn ich eine widrige Arbeit zu bewältigen habe oder bis an die Knie in Kummer steh, wünsch ich mir, die Zeit möge rascher vergehn, ohne daran zu denken, daß es meine Lebenszeit ist, von der ich wünsche, daß sie rascher vergehn möge.

Die Torheiten, die ich begehe, stehen oft lange an wie eine alte Zeche, die ich schließlich doch begleichen muß.

————

An der Straße blüht der Rotdornbaum, aber ich geh vorüber und nehm mir die Zeit nicht abzuwarten, was er in mir aufruft.

————

Gehört es wirklich zu den von beamteten Optimisten bekrähten Fortschritten der Gesellschaft, wenn ich des Todes bin, sobald mir beim Überqueren einer Großstadtstraße nur für einen Augenblick die Füße versagen?

————

Fast jede Woche werden ein Buch, ein Film, ein Fernsehspiel, die bei ihrem Erscheinen in der Tagespresse als notwendig und gesellschaftlich ergiebig gepriesen wurden, von der Zeit begraben, während Werke wahrer Poesie seit und nach Jahrhunderten leben und leben.

————

Den kultivierten Menschen erkenne ich auch an dem Umstand, daß er zuweilen bereit ist, seinen leiblichen Hunger zu unterdrücken, um seinen geistigen Hunger zu stillen.

————

Es kommt vor, daß ich über einen Kiesel stolpere, und an manchen Morgen macht mich ein aufgeriebener Pferdeschweif vergessen, daß ich ein Aufschreiber bin.

————

Schlechte Laune? Ich versenke mich sogleich in geistige Arbeit und weise meinem Körper eine sekundäre Rolle zu.

————

Kommt kein Wasser aus dem Leitungshahn, so denk ich zuerst an ein Versagen der Wasserleitung und nicht daran, daß der Brunnen leer sein könnte.

Insofern hat die Technik doch etwas Entfremdendes an sich, und bei dieser Entfremdung macht sie sogar vor sich selber nicht halt: Kommt kein Ton aus dem Rundfunkapparat, so denk ich zunächst, der Apparat sei entzwei, nicht aber, daß der Sender entzwei sein könnte.

————

Kriege, sehe ich, haben ökonomische Ursachen; die ideologischen Verklärungen, ob religiöse, ob andere, werden ihnen als Verkleidung umgetan.

————

An manchen Morgen ist ein Gedränge von Gedanken in meinem Kopf, und wenn ich da nicht Ordnung hineinbringe, zerstören sie mir den Tag wie Blattläuse, die am Stiel einer Knospe saugen und ihr Aufblühn verhindern.

————

Ein »dunkler« Drang läßt die Vögel im Frühling zu ihren Nestern zurückkehren. Sie scheinen vergessen zu haben, was sie jahrs zuvor hier taten, und fangen nach kurzem Liebesspiel, das einer menschlichen Kindheit gleicht, mit ihrer Arbeit an, der einige dann und wann eine Gesangs-Strophe abgewinnen.

Ziehe auch ich so durch meine Leben?

————

Das Wetter paßt mir nicht, aber es liegt nicht in meiner Macht, ein günstigeres herbeizuzitieren. Weshalb gehe ich nicht die Poesie der gegebenen Witterung entdecken?

————

Wenn wir zwei Streitende einzeln nach ihren Streitgründen befragen, wird uns der sympathisch sein, der dies und das am Streitgrund seines Gegners gelten läßt und nicht, koste, was es wolle, im Recht sein will.

Sollte ich als Schriftsteller aus dieser Tatsache nicht Nutzen ziehen?

————

Wenn wir jeden Eilenden nach dem Grund seiner Eile befragen könnten, so würde selbst die bestorganisierte Gesellschaft wie ein Irrenhaus auf uns wirken.

————

Stolz schreiben wir uns zu, unser Bewußtsein habe uns an die Spitze des Säugetierreiches gesetzt. Es wäre gut, wenn wir uns dieses hohen Bewußtseins stets *bewußt* wären, sobald es uns gelüstet, ins vertraute Tierreich zurückzufallen.

————

Die künstliche Herstellung der lebenden Zelle läßt trotz der vollmundigen Versprechungen einiger Wissenschaftler und Forscher auf sich warten. Eigentlich müßte denen, die so aus dem vollen reden, bei dem Gedanken, daß jetzt Tote zu begehrten *Organlieferanten* wurden, recht ungemütlich sein.

————

Die *Himmelswissenschaftler* erkennen an, daß unser Leben von der Strahlungskraft des Fixsterns Sonne abhängt, aber sie verlachen den, der nur in Erwägung zieht, daß auch andere Himmelskörper ihren Einfluß auf uns haben könnten. Wie ists denn da mit der Logik bestellt?

————

Als die jungen Stare flügge wurden, drängten sie so gegen die futterbringenden Alten an, daß einer dabei aus dem Kasten fiel. Als »Reflexbewegung« gegen den »Fall« öffnete er die Flügel und segelte wohlbehalten in die Wiesen und auf sein dort umherkriechendes Futter zu. In diesem Augenblick schien mir das Leben mit dem Jungstar erreicht zu haben, was es vorhatte, als es ein Klümpchen Eiweiß aus den Alt-Staren löste, es in Eihaut und Schale verpackte und als Eigenwesen in die Welt schickte. Aber alsbald fiel mir auf, daß auch jener Jungstar, den ich ausfliegen sah, wieder Jungstare absondern würde. Ich erkannte den Kreislauf und daß das, was das Leben will, nicht Anfang und nicht Ende hat.

––––

Es ist nicht leicht, die Umwelt eingehend und durchdringend zu betrachten, ohne daß meine Wünsche im Spiel sind. Aber wenn ich es in Reinheit erreiche, erschließt sich mir ein Glücksquell.

––––

Wie sollte ich der Feststellung, »er hat sich entwickelt« oder »er hat sich nicht entwickelt«, einen Wert beimessen, wenn sie von sklerotischen Greisen gemacht wird.

––––

Manchmal sitzt die Erregung in mir wie eine Glucke, die nach der Menschenhand hackt, wenn diese Hand sie von Flöhen befreien will. Wo Erregung ist, ist kein Wachstum.

––––

Scheu huscht der goldgelbe Pirol in den Zweigen der alten Salweiden vor meinem Fenster umher. Er hat dort sein Nest, er nistet dort. Die Salweiden könnten ohne den Pirol, er aber nicht ohne sie sein. Der Pirol ist ein goldener Einfall, ein Überdrauf der Salweiden.

––––

Die Wiese steht voller Blumen. Die Kühe gehn hinein und sehen nur Futter.

———

Die Qualität einer Regierung erkenne ich daran, ob sie die Lecker oder die Löcker anhört.

———

Wenn ich was von Suggestion sage, winkt mein Freund ab: Geh mir weg mit deiner Geheimwissenschaft! sagt er und weiß nicht, wie oft er im Laufe eines Lebenstages Suggestionen unterliegt und daß die wenigsten seiner Handlungen seinen eigenen Ein- und Ansichten entspringen.

———

Mitmenschen ermuntern mich, das zu tun, woran sie Freude haben. Sie tuns nicht in böser Absicht, sondern weil sie mich an ihrer Freude teilhaben lassen möchten. Ich habe andere Freuden und ernte in der Regel wenig für mein Leben, wenn ich solchen Einladungen folge.

———

Die Meinungen bestimmter Leute über mich und meine Arbeit sind wie der Wind, der jede Minute umschlagen kann. Ich muß sie hinnehmen, wie ein Baum am Kreuzweg die Winde hinnimmt.

———

Ich will mich nicht mehr vom Schlechten erregen lassen, vom Guten aber stets.

———

Von Zeit zu Zeit muß ich mir bewußt machen, daß es nie eine »bessere« Zeit mit einer »besseren« Umwelt für den Aufschreiber gab, als es die meine ist, und daß es allein auf mich ankommt, wie ich die Zeit und die Umwelt meistere.

———

Natürlich hat die Zivilisation ihr Gutes, doch der Mensch hat sie, obwohl sie von ihm ausgeht, noch nicht fest in der Hand: Ob Menschen einander mit der Steinaxt oder der Atombombe umbringen – es bleibt Barbarei. Und was in der Biologie und in der Medizin für die Verlängerung des Menschenlebens getan wird, bleibt fragwürdig, solange tausend und aber tausend Menschen an der Zivilisations-Krankheit Geschwindigkeitsrausch im Straßenverkehr ums Leben kommen.

—

Immer mal wieder kommt ein Tag, an dem ich eingeeist zu sein scheine, an dem alles, was ich anpacke, erstarrt und zu Eis wird, selbst meine Hoffnungen – das ist das schlimmste.

—

Ehe wir noch die Fährnisse des Lebens auf der Erde beseitigten, stießen wir in den Weltenraum mit neuen Fährnissen. Das verführt mich zu dem Schluß: Fährnisse werden gebraucht. Oder?

—

Wenn ich mein Hirn nicht produktiv verwende, überlasse ich es anderen als Meinungsspeicher.

—

Es muß still in mir sein, wenn ich hören will, was nicht gesagt wird. Ich muß feststehen, wenn ich wahrnehmen will, wie sich alles bewegt.

—

Die Pflanze ist Tag für Tag drauf aus, zu wachsen und sich ihrer Bestimmung zu nähern; ich aber mißbrauche meine Willensfreiheit und vertändele noch zu viele Tage.

—

Wer mit den Wölfen heult, muß damit rechnen, von den Wölfen gefressen zu werden, sobald die das unechte Geheul ihres Mitheulers erspitzen.

———

Ich will mich nicht einkreisen, nicht vom Leben anderer überrennen lassen, denn ich will mein Leben zu einem Werk machen, auch wenn mir erst nach meinem Tode Gerechtigkeit widerfahren sollte.

———

Wer einmal lügt, dem glaubt man nicht, auch wenn er schafsbescheiden spricht, er sei der »Mund des Volkes«.

———

Wenn ich selbstvergessen arbeite, denke ich nicht an den Tod; also arbeite ich selbstvergessen.

———

Zwanzig weise Männer saßen in einer Akademie, und um ihre Köpfe war Nebel, und kein Stern stieg auf.

———

Bäume in der Stadt sind wie Künstler in der Gesellschaft – man kommt nicht ganz ohne sie aus.

———

Menschen, in denen die Erlebnisse ihrer Kindheit noch wach sind, erreicht die Kunst am leichtesten.

———

Ein Aufschreiber, der sich gedrungen fühlt, seinen Mitmenschen mitzuteilen, wie er das Leben sieht und wie er das Zusammenleben der Menschen gern sähe, hat nie Feierabend. Er legt die Feder nur aus der Hand, wenn er darüber nachdenkt, wie er das, was er sieht, noch faßbarer, noch begreifbarer niederschreiben könnte.

_____

Jeder Morgen ruft mir zu: Sei ruhig, der Tag wird dir bringen, was du brauchst! Und doch überhör ich das zuweilen und stimme in den Lärm der Betriebsamen ein und stelle hintan, was meiner Entwicklung frommen würde.

_____

Wohl dem, der, wenns ans Sterben geht, von sich sagen kann, er habe mehr als die Hälfte von dem getan, was er tun wollte!

_____

Je deutlicher ich beobachten lerne, wie eines ins andere greift; je deutlicher ich die Zusammenhänge im Weltgetriebe erkenne, desto heftiger und dringender wird mein Wunsch nach einem noch einfacheren Leben.

_____

Und jeden Tag der Kampf mit den Unwichtigkeiten, die ich mir selber heranholte, die sich blähen und für wichtiger erachtet werden wollen als meine Lebensaufgabe!

_____

Die Woche beginnt, und die Ungewißheit, ob ich, wenn sie zu Ende geht, geleistet haben werde, was ich leisten wollte, ist so groß, daß ich heulen möchte. Heulen worüber? Über meine Unfähigkeit, mit Nachdruck ich selber zu sein.

_____

So zivilisiert ich auch bin, wenn mich der Regen auf der Landstraße überrascht, kehre ich ins Tierreich zurück und stell mich unter einen Baum.

———

Das Geschichtsbewußtsein einiger meiner Freunde ist so unterentwickelt, daß ihnen jeder Tagespolitiker ohne Mühe einzureden vermag, mit ihm begänne die Welt erst eigentlich.

———

Glück – ein relativer Begriff, nur eine Glücks-Art scheint viele Menschen gleichermaßen zu beseelen, das Glück, am Leben zu sein.

———

Nicht hundert Blütenblätter und duftlos wie manche Gartenrosen, sondern fünf Blütenblätter und duftend wie die Heckenrose, so wünsch ich mir ein Kunstwerk.

———

Bin ich denn reaktionär, wenn ich immer noch an Kunst denke, sobald ich von ihr rede?

———

Wer sich von der Vielfalt der Dinge und Erscheinungen beirren läßt, wer den geistigen Schlüssel nicht findet, sie auf ihre Prinzipien zu reduzieren, kann leicht zwischen ihnen zermahlen werden.

———

Mein eingesperrter Hund heult, denn die heiße Hündin hat ihm auf dem Luftwege ein Versprechen zugeschickt.

———

Eine Fliege flog in mein fahrendes Auto, schwirrte drinnen umher und hatte keine Vorstellung davon, daß nicht sie, sondern das fahrende Auto ihren Standort veränderte; ganz davon zu schweigen, daß ich das Auto zum Stand-Ort-Wechsel veranlaßte.   ────

Ich muß zusehen, daß meine Tage rhythmisch, doch nicht schematisch verlaufen.   ────

Als ich den Scheitelpunkt meines Lebens erreicht zu haben glaubte, fing ich an, es von hinten zu betrachten.

────

Als ich jung und verliebt war, sang ich zuweilen. Sollte ich nicht wieder jung und verliebt werden, wenn ich zuweilen sänge?   ────

Kein wahres Wort, so leise und schüchtern es auch ausgesprochen wird, vergeht.

────

Furcht vor dem Zustand des Ohnbewußten beherrscht die meisten von uns so stark, daß sie ein Leben voll körperlicher Schmerzen dem schmerzlosen Zustand des ungewissen Nachher vorziehen.

────

Der Zerfall des Ichs ist mit dem bloßen Auge wahrnehmbar. Das Weiterbestehn der Atome, aus denen wir bestehen, ist mit dem bloßen Auge nicht wahrnehmbar. Also ist die Vorstellung, daß mit dem Zerfall einer bestimmten Atomkonstellation das Leben zu Ende sei, Kurzsichtigkeit.

────

Der Kiebitz weiß nicht, weshalb er in der Frühlings-Sonne umhertaumelt und seinesgleichen sucht; ich aber weiß, weshalb er taumelt. Da bin ich doch sein kleiner Gott, wie?

———

Wie ungenügend ich meine Gedanken noch beherrsche, stelle ich allemal fest, wenn mir Unrecht widerfährt.

———

Ich kenne unumstößliche geistige Gesetze, doch oft verlier ich sie im Tagesgewimmel aus den Augen, allwie ich beim Jahrmarktsgewimmel das Rathaus aus den Augen verlier.

———

Als ich tot war, sagten mir weder meine stillen noch meine lauten Feinde etwas Schlechtes mehr nach; sie veranschlagten, daß ich ihren Ansichten von nun an nicht mehr würde widersprechen können. Sie irrten.

———

Wenn die Deutschen ohne (belehrenden) Zeigefinger zur Welt kämen, müßten sie mit Hilfe des Mittelfingers ihre *Weltverbesserertätigkeit* apostrophieren. Das würde ihre Emsigkeit ins Lächerliche ziehen, und man hätte wenigstens einen Spaß an ihnen.

———

Oh, wie schwer ists, so zu leben, daß man nichts zu beklagen hat, wenns ans Sterben geht!

———

Wenn ich doch wüßte, ob ich mich einst (aus Instinkt) fürchtete, aus dem Mutterleib in »die Welt« zu fahren, wie ich heute zaudere, aus »der Welt« ins Unsichtbare zurückzukehren!

———

Wer fortgeht und das Zeugnis drüber, daß er hier war, nur der Erinnerung von Zeitgenossen überläßt, ist bald vergessen. Man muß alles schriftlich machen.

———

Als mir andere Menschen Pflichten auferlegten, suchte ich mich denen zu entziehen, wenn ich wenig Lust verspürte, sie zu erfüllen.

Als ich meine wirkliche Pflicht entdeckte, gabs keine Möglichkeit mehr, mich ihr zu entziehen.

———

Als mein Vater zu meiner Mutter in die Dachkammer in der Forster Straße einer Niederlausitzer Kleinstadt stieg, hatte er das im Sinne, was man landläufig Liebe nennt, und er ahnte nicht, was er anrichten würde, und er ahnt noch jetzt als Achtzigjähriger nicht, was er mit seiner Liebe anrichtete.

———

Erst wenn ich auch die Wurzeln eines Baumes beschreibe und die Gründe seiner Gespreiztheit andeute und erzähle, weshalb ein Ast so wuchs, wie er wuchs, und weshalb er nicht anders wachsen konnte, habe ich einen Baum künstlerisch bewältigt, habe ich ihn *gemacht*.

———

Es gibt ein landläufiges Formulieren, das sich mir beim Schreiben hartnäckig anbietet, weil ich viel landläufig Geschriebenes gelesen habe. Das Formulieren aus eigener Sicht, also das, was das Geschriebene unverwechselbar macht, muß ich täglich üben.

———

Das Reduzieren halte ich für den einzig möglichen Fortschritt beim Schreiben, weil die Erfahrung, mit Literatur umzugehn, bei einer Schicht von Lesern in unserem Lande wächst.

––––

Würde ich besonnener leben, wenn ich wüßte, wie nah meine letzte Stunde ist, oder würde ich mich der Wehmut hingeben?

––––

Ein begrenzter Ausschnitt – wie der Lichtkreis der Lampe – ist mein Leben; seinen Zusammenhang mit dem großen Leben vermag ich nur mühselig zu ertasten.

––––

Schimpfen ist mein Ausdruck von Hilflosigkeit in Augenblicken, da mein Vermögen, mich logisch zu äußern, nicht verfügbar ist.

––––

Michelangelo war mit der Kunstauffassung der Päpste nie einverstanden und schuf Kunstwerke, die uns noch heute bewegen.

––––

Der Papst verlangte von Michelangelo für die Deckengemälde in der Sixtinischen Kapelle Goldfarben, viel mehr Goldfarben. Es kam darüber zwischen ihm und dem Papst zu handgreiflichen Auseinandersetzungen.

Das Verlangen von Auftraggebern nach »mehr Gold in der Kunst« wiederholt sich bis auf den heutigen Tag.

––––

Die großen Kunstwerke, die wir kennen, verraten nichts von den zumeist widerwärtigen Bedingungen, unter denen sie entstanden.

––––

Das uralte Lebenshilfsmittel der Menschen, sich Götter zu schaffen und sie anzubeten, ist noch intakt. Der Gott der zivilisierten Menschen ist der Staat, und was ich hier aufschreibe, ist eine Gotteslästerung, und die Hölle, in die ich damit komme, ist die Verachtung, mit der mich einige Politiker strafen.

———

»Siehst du denn nicht, daß es Gott ist, der dich gütig am Leben hält?« hieß es früher. »Siehst du denn nicht, daß es der Staat ist, der dich gütig am Leben hält«, heißt es heute.

———

Andererseits hätte ich dieses Buch nicht schreiben können, weil mein Tun damit ausgefüllt wäre, mich notdürftig am Leben zu erhalten, wenn ich nicht in meinem Gotte Staatswesen leben würde. Also hat der Mensch, habe ich wohl Götter nötig, um etwas zu vollbringen, was über mein Essen, mein Trinken und das Mich-selber-Verteidigen hinausgeht. Wie?

———

An geräuschvollen Orten ist mein Hirn unausgesetzt damit beschäftigt, sich gegen die Geräusche zu panzern, und für seine eigentliche Arbeit bleibt ihm – mit Mühe – die halbe Kraft.

———

Wir glauben, wir seien für das Leben geboren, aber manche Politiker glauben, wir seien aus politischer Notwendigkeit geboren.

———

Ich lese von Menschen, die sich um ihren Kopf redeten, aber auch von solchen, die ohne Kopf reden.

———

Was Politiker an Abträglichem über Dichter schreiben lassen, vergeht wie Schnee am Ofen, doch wenn Dichter über Politiker schreiben, ob Gutes oder Schlechtes, ist das von ziemlicher Dauer.

————

Die Macht eines Herrschers währt nicht immer so lang wie sein Leben.

Die Macht des Dichters kann Jahrhunderte währen.

————

Nachbar Hopsleben lebt gefährlich. Er lebt von Hops zu Hops, von Festtag zu Festtag, von Termin zu Termin, die Festtage bestimmen ihm andere, die Termine bestimmen ihm andere. Sein eigenes Leben lebt Herr Hops so gut wie nicht. Seine Leichenfeier wird der einzige Termin sein, den er für andere ansetzte.

————

Fürst Pückler befahl, unter jeden Baum, den er in seinem Park pflanzen ließ, ein getötetes Schaf zu legen, damit die Bäume mächtig würden und ihm Nachruhm verschafften.

Andere Feudalisten und Herrscher opfern ihrem Nachruhm Menschen.

Ein Hosianna auf die, die ihrem Nachruhm ihr eigenes Leben opfern! Dazu will ich die Dichter gezählt wissen!

————

Die wirksamste Art, Erkenntnisse zu verbreiten, ist, nach ihnen zu leben.

————

Nichtskönner ersterben in Respekt vor jedem Scharlatan.

————

Ja, dieses Essen! Zuwenig davon verkürzt mein Leben; zuviel davon verkürzt es auch.

———

Ach was, das Wort ist flüchtig, sagt mein Freund und bedenkt nicht, daß heutzutage mehr Reden gedruckt werden, als uns lieb ist.

———

Der Mensch, der Großhirnbesitzer, zog aus Furcht vor seinesgleichen Striche über den Erdball – seine Grenzen.

Die kleine Schwalbe mit ihrem Grammhirn überfliegt diese Grenzen, lebt ein halbes Jahr hier, ein halbes Jahr in Afrika.

———

Als Kind glaubte ich an die Vernunft der Erwachsenen, bis ich erkannte, zwischen wieviel Unsinn sie aus Gewohnheit leben.

Als ich erwachsen war, glaubte ich an die Vernunft der Alten und Erfahrenen, bis ich erkannte, daß sie unter starren Normen und unsinnigen Gewohnheiten dahinlebten, und da wandelte ich den dem Nazarener zugeschriebnen Satz ab: Wahrlich, es ist leichter, daß ein Kamel durchs Nadel-Öhr geht, als daß ein auf seine Erfahrungen pochender Alter sich auf was Neues einläßt.

———

Wenn die Regierten nur stets gedacht hätten, was vom Regierenden erlaubt war, hätte es keine Fortschritte in der gesellschaftlichen Entwicklung gegeben.

———

Einer der Reize meiner frühen Kindheit – ich kannte die Hoffnung so gut wie nicht.

———

Die Sonne geht für uns auf und unter, und sie weiß nichts davon, daß wir ihr Wirken benutzen, um unser Leben in Strecken, Tage und Nächte, Monate und Jahre, Sommer und Winter einzuteilen. Ich traf bisher kein Menschlein, das der Sonne ihr Unwissen anlastete.

———

Ich bin nicht lang genug hier, um die Kraft, die mich hier sein läßt, so deutlich zu erkennen, daß ich mit dem Finger auf sie zeigen könnte. Aber ich gebs nicht auf, in Gedanken und in Taten nach dieser Kraft zu suchen, und dieses Suchen ist, hoffe ich, das Beste, was ich während meines Hierseins leisten kann.